Rudi Opper · Gesichter Australiens

S. Vetta

RUDI OPPER

GESICHTER AUSTRALIENS

garuda

Satz: Typo-Studio Spieß, Pfungstadt
Druck: Ducke GmbH, Darmstadt
Bindearbeiten: Willi Hofmann, Darmstadt

ISBN 3-921019-33-8

Für Traudl, Soo und Karoline

VORWORT

Rudi Opper legt in zwei Aufenthalten über 17 500 km auf australischem Boden zurück. Ein erster Aufenthalt 1971/72 weckt bei dem damals 21jährigen eine bleibende lodernde Faszination. Dieser Faszination folgt er 1980. Der zweite Aufenthalt steht in mancherlei Richtung unter einem Unstern. Zeitdruck (ganze 6 Wochen können verplant werden) und improvisierte Vorbereitung der Expedition (beispielsweise steht nur ein 12 Jahre alter Volvo zur Verfügung) ergeben Probleme, die gemeinsam mit dem Freund Chick zu meistern sind.

In Sidney erfährt Opper eines Tages, daß sich von Darwin aus ein Cyklon nähert (er erhält den Namen Simon), fährt spontan in Richtung des Naturphänomens und lernt es bei Brisbane kennen. Der Cyklon geht etwa 20 km aufs Meer hinaus und erzeugt Wellen von ungeheurer Höhe (12 m etwa). Oppers Leidenschaft für Wellenreiten ohne Bretter wird ihm zum Verhängnis. Der Zusammenbruch einer Wellenfront und der Sturz von unglaublichen Wassermengen ins Kreuz (von Erstickungsängsten muß man nicht erst reden) erzeugen Bandscheibenvorfall und Schleudersyndrom: Ein Nackenwirbel ist angeknackst, Lähmungserscheinungen an einem Bein, von der Hüfte abwärts, stellen sich ein.

Opper überspielt diese Symptome und, verschleppt, erst nach 10 Monaten wird die notwendige Operation durchgeführt. Eine lange Zeit des Liegens ist notwendig. Für jeden agilen Menschen ist Liegen-Müssen schon Strafe genug, für einen mit Erlebnissen vollgepfropften Menschen, der sich nicht mitteilen kann, muß es zu Zuständen kurz vor der Explosion führen. Opper fängt an zu schreiben (genauer gesagt: Er beginnt, seine Erinnerungen herunterzudiktieren). Schreiben also die selbstgewählte Therapie! Ein Buch entsteht!

Dieses Buch bildet keinen exakten Expeditionsbericht, obwohl eine Fülle von Details zu erfahren ist, dieses Buch ist keine komplette Sammlung wichtiger Daten über Australien, obwohl der Leser über Australien und dessen Probleme mit einer Fülle von Fakten versehen wird, die ihn zur Nachdenklichkeit bringen. Dieses Buch ist die fast atemlose Niederschrift eines bewegenden Erlebnisses, das ein junger Mensch erfahren hat, wörtlich „erfahren". Daß zusätzlich „erwandert" wird, versteht sich, daß „gesehen" wird, ist ebenfalls selbstverständlich. Wie es aber gesehen wird, ist nicht alltäglich.

Rudi Opper ist von einer unbändigen Abenteuerlust erfüllt. „Unbändig" schreibt sich so leicht dahin, aber es besagt doch, daß da Grenzen des Machbaren zwar wahrgenommen, aber nicht respektiert werden. In ausgesprochen gefährliche Situationen wird hineingerannt, sie werden dann auch gerade noch gemeistert. Es gehört zum Charme der Niederschrift, daß erlebte Ängste bedingungslos zugegeben werden. Diese Abenteuerlust ist getragen von offenbar unbegrenzten Körperkräften. Ja, da ist sogar das Bedürfnis festzustellen, sich körperlich auszutoben, der Abschnitt 16 gibt eindeutige Hinweise: Opper vertraut seiner wohlgeratenen Physis. Abenteuerlust ist immer getragen von Neugier und Neugier ist der Motor zur Ausweitung des Wissenshorizontes, zur Vergrößerung dessen, was wir Erfahrung nennen.

Oppers Beruf ist Graphiker und Maler. Er hat einen sicher genuin vorhandenen Sinn für das Phänomen des Lichts, einen Sinn, der durch die Ausbildung nicht verkleinert wurde und er hat konsequenterweise die Fähigkeit, Gesehenes als Bild umzusetzen – auf Papier und Leinwand zunächst einmal – aber eben auch verbal, in Beschreibung und in Verszeilen.

Zuverlässiger Bericht von Realitäten kann in gelungene Komposition hinübergleiten, ohne messerscharfe Grenze: Das Kreative setzt sich durch! Es gibt eine Novelle von Joseph von Eichendorff, Inbegriff der Deutschen Romantik: „Aus dem Leben eines Taugenichts". Etwas von der prachtvollen Naivität, ja Kindlichkeit des Titelhelden findet in Rudi Opper seine Entsprechung. Im Abschnitt 17, in dem von Wetten die Rede ist, liest man folgenden Satz: „Ich mußte diesen Mike kennenlernen, denn es wollte mir nicht in den Kopf, daß man tatsächlich mit ein paar guten Tips leben kann, ohne auch nur etwas nebenher zu tun, das zunächst so wie Arbeit aussieht."

Dieser unermüdlich strapazierte Körper, dieser neugierige

Realiensammler, dieser gelegentlich träumende Registrator, hat ein fast animales Freundschaftsverhältnis zum Tier, zum Tier der Wildnis genauso wie zur Hauskatze (man vergleiche mit Abschnitt 16). Wer dieses kreatürliche Verhalten durchschaut hat, wird sich nicht wundern, daß sich Oppers Beobachtungen und Niederschriften auffällig oft mit dem menschlichen Problem der Aborigines, mit dem Problem einer Minderheit auseinandersetzen. Ältere Menschen und solche, die „voran" gekommen sind, erwarten nicht, daß bei jungen Menschen menschliches Engagement so unverstellt vorhanden ist und sich mit solcher Dringlichkeit zu Wort meldet.

Hans-G. Sperlich

ABSCHNITTE

1

Ein unheimliches Klappergeräusch läßt mich erwachen. Es ist 6^{30} Uhr in der Frühe und ich weiß im ersten Moment nicht, wo ich bin. Ich liege in einem kleinen Zimmer. Die Wände sind olivgrün mit Ölfarbe gestrichen. In dem Zimmer stehen 2 Betten aus Stahl. In dem einen Bett liegt Chick, mein alter Freund und schläft noch.Die Erinnerung kommt zurück und ich weiß, daß ich in Australien bin.
Vor 35 Stunden sind wir zusammen vom Flughafen Frankfurt aus gestartet nach Australien, in eine Welt, von der wir fast überhaupt nichts wissen. Wir wollen ein neues Leben beginnen; ein neues Leben voller Hoffnungen und voller Träume. Australien, ein Kontinent, von dem $^2/_5$ in den Tropen liegen, erstreckt sich über 30 Breitengrade. Er hat auf zahlreiche Europäer schon immer eine Faszination ausgeübt. – Mein Freund Chick wird nun auch wach von dem noch immer anhaltenden Geklapper und schaut zu mir herüber, blinzelt und meint: „Mensch, was ist das für ein Krach“. Wir stehen auf und schauen aus dem kleinen, moskitodrahtgeschützten Fenster und sehen auf einen Platz, so groß wie ein mittlerer Schulhof. Hier haben sich Menschen in einer langen Reihe angestellt, in der Hand einen Metallbecher. Das Geklapper rührt von Eßbestecken her: Gabeln, Messern und Löffeln. Die endlos scheinende Reihe von verschlafenen Menschen zwängt sich an einem Wasserhahn vorbei, in dem das Eßbesteck flüchtig abgewaschen wird und verschwindet in einer langen Holzbaracke.
Wir wissen noch nicht, was das alles bedeutet, doch schon nach wenigen Minuten stehen wir selbst in der langen Reihe. Auf dem einzigen Tisch in dem kleinen Schlafraum fanden wir besagte Utensilien: Tassen und zwei Eßbestecke. So ausgerüstet warten wir nun, was uns in der Baracke an einem lukullischen australischen Frühstück erwartet. Das Frühstück war weder lukullisch, noch waren wir von der großen Menschenmenge angetan, die sich hier allmorgendlich traf und vor der Arbeit mit Sausage, Bohnen, Toast und Tee verköstigte. Wir dachten schon, es könnte mit der Zeit nicht stimmen,

denn wer ißt in Deutschland schon zum Frühstück Bratwurst mit weißen Bohnen. Interessant waren für uns all die Gespräche, die am Tisch geführt wurden. So gewannen wir schon einen ersten Eindruck über die australische Arbeitsmarktlage. Müde von der Sonne und noch kaputt von dem langen Flug hatten wir fast 15 Stunden durchgeschlafen. Wir hatten nicht das Rasseln der Bestecke in den Blechtassen zur Frühstückszeit gehört. Das waren andere Geräusche. Es war der Gesang von wunderschönen Vögeln, die in den Ästen der alten Bäume, die auf der Anlage des Einwanderungslagers standen, ihre Lieder in den Himmel sangen, Wellensittiche (melothitthcus undunatus), Blauwangenflori (trichoglossus haematodus). Diese kleinen Könige der Lüfte begrüßten uns und wünschten uns einen schönen Tag. Mein Freund Chick und ich setzten uns unter einen dicken Baum und genossen unser Leben und waren uns bewußt, daß nun ein neuer Lebensabschnitt begann.

Es galt, einige Dinge zu planen und sortieren. Ich hatte keine Lust, die Zukunft dem Zufall zu überlassen und wollte auch endlich mein weniges Gespartes aus den Socken herausholen und auf einer Bank in der City deponieren. Tatsächlich verfügte unser Trio über ein Guthaben von etwa 18 000 DM, die ich, über meine 2 Socken verteilt, immer bei mir trug. Heute galt es also, eine Bank in der City zu finden, ein Konto zu eröffnen und die Geldscheine einzuzahlen. Das Papiergeld sah aus, als hätte ich es in einer Hose vergessen, als ich diese zur Reinigung brachte. Aber deutsches Geld nimmt man auch auf einer australischen Bank gern, auch wenn es etwas verschwitzt aussieht. Da ich mich auf der Bank anstellte wie ein Volksschüler nach der ersten Englischstunde, zeigte man sich behilflich und brachte uns zu einem Dolmetscher. Die australischen Banken sind mit solchen Sprachgenies gut ausgerüstet, die nicht selten 8 Sprachen fließend beherrschen. Wir hatten die Ehre, von Mister Tori bedient zu werden, der wohl gebürtiger Ungar war und irgendwann einmal auch in Deutschland gelebt hatte und uns als erstes nach Heidelberg fragte. Dieser Mister Tori war ein glatzköpfiges Schlitzohr. Natürlich wußte ich damals noch nicht, daß ich später einmal seine Dienste auf ganz anderem Gebiete in Anspruch nehmen mußte. An diesem Vormittag war Herr Tori für uns sehr nützlich. Nachdem wir ein Konto eröffnet hatten, bot er sich an, eine Wohnung oder ein passendes Haus für uns zu suchen. Außerdem wollte er bei der beschwerlichen Arbeitssuche gerne behilflich sein. Es folgten endlose Telefonate mit Arbeitsämtern und für die kleine Krankenschwester aus Berlin, die mit Traudl zusammen wohnte, rief er zahlreiche Krankenhäuser an. Nach 2 Stunden gab es natürlich immer noch keine Arbeit für uns, für die Krankenschwester etwas Hoffnung. Doch drei Makler in Bondi Beach stellten uns einige Objekte, die wir mieten konnten, in Aussicht. Termine wurden vereinbart und der rote Bus brachte uns nach Bondi. Wie Könige ließen wir uns von schwarzen und weißen Chevrolettkarossen durch die kleinen Gäßchen von Bondi chauffieren. Riesige Schlüsselbunde öffneten uns die Türen zu den verschiedensten Häusern. Bei soviel Auswahl fiel die Entscheidung schwer. Auch spielte der hohe Mietpreis eine nicht unwesentliche Rolle. Heute weiß ich nicht mehr, wieviele Häuser wir uns angesehen haben. Die Nähe zum Strand ließ uns schließlich das Haus Francisstreet 11, ein flaches Klinkerreihenhaus als Wohnsitz wählen. Es gab 3 Schlafzimmer, 1 Wohnzimmer, 1 Lunchraum mit Küche und einen Saloon. Dieser Saloon wurde zum Mittelpunkt des Hauses erkoren. Von hieraus konnten wir wirklich, wie wir es uns vom ersten Tag in Bondi gewünscht hatten, über das Meer sehen, die kreischenden Möven beobachten, die Wellenkämme zählen, die hintereinander von weit draußen her dem Strand entgegenrollten. Ein kleiner Garten hinter dem Haus mußte im Laufe der Zeit kultiviert werden und die einzelnen Räume richtete jeder seinem Geschmack entsprechend nach und nach her. Chick und ich planten funktionelle Holzmöbel, Traudl und die kleine Krankenschwester nähten Vorhänge, die uns tagsüber vor der stechenden Sonne etwas Schatten spenden sollten. Es wurde ein Nest gebaut, ein Nest, in dem wir uns abends treffen wollten nach der Arbeit, die wir noch nicht hatten. Ein Zustand, der uns etwas beunruhigte. Keiner von uns war jemals als Gastarbeiter in einem fremden Land.

Keiner von uns wußte wie es ist, wenn man in endlosen Schlangen schon morgens früh vor Arbeitsämtern in Reih und Glied ansteht und Fragebogen ausfüllen muß, die man gar nicht so richtig versteht, Fragen über Fragen beantworten muß und mit der Zeit zu lügen anfängt, nur um sich endlich einen Job zu erschwindeln.
Es wäre vermessen, zu behaupten, ich würde heute jedes Grafikbüro in Sydney kennen, doch nach tagelangen Busfahrten durch die schwitzende staubende Stadt hätte ich Fremdenführer werden können für Werbebüros in Sydney. Ich war zu borniert und wählerisch, bildete mir einiges ein auf meine Arbeit und hatte so meine Vorstellungen, was ich mit meinen Fähigkeiten alles großes, wundersames fabrizieren könnte. Die sogenannten Graphicartists in den Werbestudios waren überwiegend Homosexuelle, was bei mir ein Vorurteil hervorrief, das ich damals nicht zu verkraften vermochte. Zum Schluß blieb uns nichts anderes übrig, als irgendeinen Job anzunehmen, der zumindest die laufenden Ausgaben, die wir hatten, deckte.
Wieder besuchten wir zahlreiche Arbeitsämter, füllten unzählige Formulare aus, beantworteten ebenso unzählige Fragen, ließen uns vertrösten von einem Tag auf den anderen, von einer auf die andere Woche und unser gespartes mitgebrachtes Geld schmolz langsam dahin. Mit kleinen Handzetteln durchkreuzten wir alle Industriegebiete um und in Sydney. Für die seltsamsten Jobs sprachen wir bei kleinen und großen Managern vor und so manch lustige Geschichte wurde zu einer bleibenden Erinnerung. An einem späten Nachmittag kamen wir eines Tages in Roseberry, einem Industriestadtteil an und bewarben uns in einer Papierfabrik als Papierfalzer. Es galt, eine Falzmaschine zu bedienen, was ich damals für einen leichten Job hielt, wobei ich auf einige Erfahrung aus meiner Volontärzeit in einer Druckerei verweisen konnte. Der Manager war begeistert. Er hatte meine Zeugnisse gesehen. Ein ausgebildeter Grafiker mit Erfahrung in einer Druckerei sprach wohl nicht alle Tage bei ihm vor. Es wurde über den Wochenlohn verhandelt. Wir einigten uns und nun war ich gespannt, wie wohl die Maschine aussehen

mochte, die ich zu bedienen hatte. Mich traf der Schlag! So eine mächtige Maschine hatte ich noch nie zuvor gesehen. Damals in der Druckerei in Deutschland galt es, Prospekte auf A-5-Format aus einem A-4-Zettel zu falzen. Hier hatte ich es mit einer Maschine zu tun, die nur aus Knöpfen und Hebeln zu bestehen schien. Ich muß kreidebleich geworden sein. Der Manager fragte mich, ob mir nicht wohl sei. Ich antwortete ihm, ich kenne nur kleinere Maschinen. Doch diese hier hatten die Größe eines VW-Lieferwagens. Im Hinausgehen kamen wir an einer Maschine vorbei, die auf einem kleinen Tisch stand und mich an das Ding in Deutschland erinnerte. Ich blieb sofort stehen und rief aus: „I know this one". „Nein, nein", sagte der Manager, „hierfür brauchen wir niemand". Draußen angekommen wartete mein Freund Chick. Er war natürlich gespannt und ich erzählte ihm die ganze Geschichte. Der alte Depp konnte sich vor Lachen gar nicht mehr kriegen. Mein Gott, hätte ich hier geschwindelt und wäre eingestellt worden, was hätte ich wohl alles verkehrt gemacht!

Nach solchen verkorksten Bewerbungen war es natürlich erfrischend, abends den herrlichen Strand zu genießen. Dies waren die schönsten Stunden , kurz vor Sonnenuntergang am Strand zu liegen, wenn die Wellen den Salzstaub in die Luft wirbeln und die letzten Sonnenstrahlen ein Licht erzeugen, das wie feiner Nebel wirkt. Dann schien die Welt wieder in Ordnung zu sein und das bedrückende Gefühl, keine Arbeit zu haben, war für einige Stunden vergessen.

Wir kauften uns auf dem Nachhauseweg Fish und Chips oder Hamburger und verbrachten die halbe Nacht damit, Pläne zu schmieden für die Zukunft. An einem anderen Tag waren wir wieder mit einem kleinen Zettel unterwegs, auf den uns das Arbeitsamt die Anschrift einer Fleischfabrik geschrieben hatte, die sich in der Hafengegend Sydneys befand. Wie bei allen Bewerbungen muß man sehr schnell und sehr früh am Ort sein, um eventuelle andere Bewerber ausstechen zu können. Die Nachtschicht war noch bei der Arbeit, so daß wir Gelegenheit hatten, uns in der Fabrik umzusehen und uns einen Eindruck zu verschaffen, was hier eigentlich getan wurde. Es wurden Rinder verarbeitet, die von den Farmern im Outback in die Fleischfabriken in Sydney gebracht, zu Steaks verarbeitet wurden und zum Großteil nach Amerika verschifft werden. Ein Mann war mit einer automatischen Säge, wie sie Holzfäller in Kanada zum Baumfällen benutzen, damit beschäftigt, den Körper in zwei Teile zu schneiden. Dazu hängen die toten Tiere mit Haken, die an den Beinen befestigt sind, an einem Förderband von der Decke der Fabrik. Ich weiß nicht, wieviel Grad unter Null in dem Raum die Temperatur sein muß. Aber kommt man aus einer Tagestemperatur von 35–45°C in solch einen Raum, so erlebt man eine Situation, als wenn man ein Flugzeug mit einem Schleudersitz über der Antarktis verlassen würde. Wir begaben uns in den Frühstücksraum. Hier wartete die Frühschicht auf ihren Einsatz. Typen verschiedenster Herkunft waren damit beschäftigt, sich umzusehen, und ihre Arbeitsutensilien für den Tag zu richten. Unter den viel zu großen Overalls trug man lange Unterhosen. Dicke Pullover und Wollmützen schützen vor der künstlichen Kälte. Am Gürtel um den Leib hing ein brotmessergroßes Schleifwerkzeug, an dem man immer wieder die kleinen und großen Messer, die zum Ausbeinen verwendet werden, schleifen muß. Aus diesem Messerschleifen machten die Galgengesichter ein Ritual. Einige ließen beim Hin- und Herwetzen des Messers die Zunge aus dem Mund hängen. Wieder andere spitzten den Mund, blitzten mit den Augen als hieße es, in Valencia als Torrero mit einem Taschenmesser einen Stier zu killen. Mir rieselte es eiskalt den Rücken herunter. Chick und ich blickten uns an. Er nickte zum Ausgang und ohne, daß wir mit dem Vorarbeiter noch ein Wort gewechselt hatten, standen wir draußen auf der Straße, klopften uns auf die Schulter und sagten wie aus einem Mund: „Junge, so ein Scheißjob, nichts wie weg hier“. Wie schon erwähnt, lagen diese wie auch die zahlreichen anderen Fleischfabriken Sydneys in der Hafengegend. Ob Sydney tatsächlich der schönste Hafen der Welt ist, weiß ich nicht. Die Leute hier behaupten es jedenfalls, und auch uns beiden gefällt Sydney ausgezeichnet. Das wichtigste und schönste an Sydney ist sein Hafen. Wenn man vom Stillen Ozean in den Hafen hineinfährt, dann erlebt man eine Überraschung nach der anderen.

Zwischen hohen Felsen liegt die schmale Einfahrt und dahinter breitet sich sonnenüberflutet und ruhig wie ein großer See das Hafenbecken aus. Hinter den zahlreichen Buchten, deren weißer Strand weithin leuchtet, klettern die Wohnhäuser an den dunkelgrünen Hügeln empor. Die uns nun schon lange bekannte City liegt auch unmittelbar am Wasser. Wir hatten die Nase voll an diesem Tag, was die Arbeitssuche anbelangte und machten uns einen schönen Tag. Wir stellten fest, daß die Leute ausgesprochen fröhlich waren und hatten das Gefühl, Sydney sei die lustigste Stadt der Welt. Wir bummelten durch die Straßen, redeten mit den verschiedensten Leuten, legten uns in den Hyde Park und waren gar nicht verwundert, daß wir nicht allein diese Idee hatten. Daß diese Stadt schon immer so fröhlich und lustig war, glaube ich nicht. 20 Jahre nachdem 1788 Captein Cook die Ostküste Australiens erkundet und für England in Besitz genommen hatte, sandte die britische Regierung 11 Schiffe nach Australien. An Bord waren 1717 Sträflinge und 300 Wachsoldaten für die armen Hunde. Diese 2000 Männer sind die eigentlichen Gründer Sydneys gewesen und ihr Leben war hart und voller Entbehrung. Aber sie waren die Pioniere, die das Land erschlossen und für die eigentliche Besiedlung vorbereiteten. Ein Kommandant namens Arthur Philipp hatte das Sagen über die junge Kolonie. Er war ein tatkräftiger und weitblickender Mann, der die Sträflinge und auch die Eingeborenen gerecht und anständig behandelte. Erst seine Nachfolger nutzten ihre Machtstellung bedenkenlos für ihre eigenen Zwecke aus. Sträflinge wurden ausgebeutet. Sie mußten hart arbeiten, bis sie unter den Peitschenschlägen der Aufseher zusammenbrachen. Das Thema „Aborigines“, also Eingeborene, ist ein Kapitel für sich. Diese Menschen wurden erbarmungslos ausgerottet. hierüber sollte ich mir noch sehr lange Gedanken machen und bis zum heutigen Tage beschäftigt mich dieser Problemkreis und läßt mich nicht zur Ruhe kommen. Doch damals hatten wir noch mit unseren eigenen Problemen genug zu tun und wir wußten zu dieser Zeit noch nicht, daß wir einmal das ganze Land bereisen sollten, daß wir mit Eingeborenen leben sollten und uns ihre Geschichte, die Geschichte

ihres Lebens und die Geschichte ihres Landes so gefangen hielt wie ein Traum ohne Ende.
J. W. Marshall erzählt in seinem Buch „Unterwegs zu den Traumbergen" die Geschichte zweier Aboriginalkinder, die unterwegs sind, ihre Mutter zu suchen; ihre Mutter, die sie bei einem Stamm vermuten, der bei den Traumbergen lebt. (Die Traumberge, das sind die Kimberleyberge.) Diese Geschichte liest sich wie ein wunderschönes und doch grausames Märchen. Dieses „Märchen" und alle Erzählungen, die ich in meiner Zeit in Australien gehört habe, entsprechen aber der Wahrheit. Man kann aus all diesen Geschichten viel von der Denkweise und dem Leben der australischen Ureinwohner lernen.
Doch noch lange nicht können wir uns auf den Weg machen, um das Land kennen-zu-lernen. Es gingen noch einige Wochen ins Land, ohne daß wir auch nur eine Aussicht auf einen Arbeitsplatz hatten.

2

In dieser Zeit lernte ich einen Franzosen kennen aus Marseilles mit Namen Michèle. Michèle war wie alle Franzosen ein Lebenskünstler. Er war verheiratet. Seine Frau, eine gebürtige Dänin, verdiente das nötige Haushaltsgeld als Sekretärin und Dolmetscherin. Michèle arbeitet, wann immer es ging und er dazu gebraucht wurde, als Stuntman bei einer Filmgesellschaft. Ansonsten drückte er sich auf einer Schule in Bondi-Junction herum, die ihm die englische Sprache beibringen sollte, die er aber eigentlich schon längst beherrschte. Aber Michel hatte herausgefunden, daß es, wenn man diese Schule besucht, in der Woche 15 Dollar Unterstützung gab und er hatte sich ausgerechnet, daß diese 15 Dollar, und ab und zu ein paar Stuntmanstunden beim Film für das Leben reichten. Mir gefiel diese Kombination gar nicht so schlecht, zumal unsere Situation ohne einen Pfennig Einkommen und ohne Unterstützung einen Nullsaldo aufwies. Dazu erschienen mir noch die Erzählungen von Michel über eine Stuntmanschule in Kingscross sehr interessant. Hat man die Schule einmal ab-

solviert, bekommt man leicht Arbeit bei Film- und Fernsehgesellschaften, die diese ausgebildeten Leute als Sensationsdarsteller brauchten. Auf dem Englishcollege meldeten wir uns sofort an, die Stuntmanschule besuchten wir nur als Zuschauer. Die Arbeit als Filmdouble schien mir doch zu gewagt. Interessant war es, diese Leute zu kennen und auch bei der Arbeit zu beobachten. Gewandt wie Affen und katzenhaft beweglich, meisterten sie die unmöglichsten Situationen. Oft saßen wir abends am Strand von Bondi Beach mit dem lustigen Völkchen zusammen und auch hier konnten sie ihre Gags und Späße nicht lassen. So mancher Schwimmer und Sonnenanbeter hielt die Truppe wohl für einen gerade in Sydney gastierenden Wanderzirkus. Wie Bodenartisten wirbelten sie über den weißen Bondistrand. Salto, Doppelsalto, Handstand, Flickflack und Überschlag am laufenden Band.
An einem Drehtag, auf dem Filmgelände wurde gerade ein albern-kitschiger Cowboyfilm gedreht, erschien die Gruppe wie eine Meute wild gewordener Texasrowdies. Noch aufgepeitscht von den Filmarbeiten spielte man wie kleine Jungs Cowboy und Indianer, nur um wieviel perfekter als wir es getan hatten mit 8 oder 10 Jahren. Eine Gruppe erkletterte den Beachpavillon. Stürze vom Dach, Todesschreie – den Zuschauern stockte der Atem. Das waren Auftritte so richtig nach dem Geschmack unserer neuen Freunde.
Die Schultage machten Spaß und es gab wirklich noch sehr viel zu lernen. Wobei sich ja das australische Englisch stark von dem Schulenglisch unterschied, das wir vor noch gar nicht so langer Zeit einmal gelernt hatten.
Die Tage vergingen und es schien uns eigentlich ein sehr schönes Leben, in einem Land zu sein, in dem an 260 Tagen im Jahr die Sonne scheint, locker die Schulbank zu drücken, jeden Tag so viel neue Eindrücke zu sammeln, so viel verrückte Menschen kennenzulernen, die man wohl in einem ganzen Leben in Deutschland nie kennengelernt hätte. In unserer Schulklasse gab es viele verschiedene Nationen. Das Englisch, das hier verzapft wurde, klang lustig, und die Erzählungen in den Pausen und in den Freistunden waren für uns wahnsinnig interessant. Doch das ruhige Leben durfte

nicht darüber hinwegtäuschen, daß wir nur 15 Dollar Entschädigung erhielten und mit diesem ... geld mehr schlecht als Recht leben konnten.

3

Michèle hatte nun zu dieser Zeit die erleuchtende Idee und erzählte uns von einer Autowaschanlage, die täglich Helfer einstellte, um die endlosen Schlangen von schmutzigen Autos, die unentwegt vor der Tankstelle warteten, zu säubern. „Ihr müßt schon um sieben Uhr dort sein, dann stellt der Manager für den Tag die benötigten Arbeitskräfte ein und wenn Ihr Glück habt, seid Ihr dabei. Ein Vorarbeiter ist Deutscher, vielleicht könnt Ihr mit ihm schnell ein paar Worte wechseln und er kann Euch behilflich sein". Die Tankstelle war nicht weit weg von der Schule und auf dem Nachhauseweg schauten wir uns das poppig wirkende Gebäude einmal an. Ein grauer Plastikwalfisch thronte auf dem Dach, bunte Fähnchen, tausende, flatterten im Wind und eine Gruppe von 10 bis 15 fleißigen Autowaschern und -polierern war damit beschäftigt, die letzten Autos vor dem Feierabend abzufertigen. Am nächsten Morgen sind wir hier, beschlossen Chick und ich. Die Arbeit kann nicht so schwer sein und besser die als gar keine. Schon um halb sieben Uhr am nächsten Morgen stand eine Gruppe von jungen Leuten lässig hingelümmelt auf dem Gelände der Wal-Car-Wash. Wenn mir damals jemand gesagt hätte, daß ich hier ein halbes Jahr als Autostaubsauger, -wäscher und Fahrer arbeiten würde, hätte ich ihn ganz sicher ausgelacht. Doch wir waren selig, unseren ersten Job bekommen zu haben. Chick mußte die Scheiben polieren und ich begann als „Vakuumcleaner". Der Arbeitstag dauerte 12 Stunden mit einer halben Stunde Mittagspause und es gab zwischendrin kaum eine Minute zum Verschnaufen. Mein Gott, woher kommen nur diese endlos erscheinenden Schlangen schmutziger Autos! Was für Ferkel haben denn Pommes Frites und Ketchup auf dem Boden der Fahrzeuge regelrecht festgetrampelt? Überquellende Aschenbecher! Unrat wie auf dem Schuttplatz lag verstreut in den Fahrzeugen. Daß man auch bei solch einer Arbeit zum Spezialisten werden kann, sollte man nicht für möglich halten. Ein junger Australier arbeitete mich ein. Wir rissen beinahe immer gleichzeitig die Verschläge der Autos auf. Der Fahrer stieg aus, wurde begrüßt mit einem „Good morning, Sir" oder „good morning, Ma'am", und überließ uns sein klebrig, staubig, verdrecktes Gefährt. Jim, so hieß mein erster Arbeitskollege, erklärte mir: „Du saugst die linke, ich die rechte Seite; Boden, Sitze und vergiß nicht die Aschenbecher! Wenn Du Geld auf Deiner Seite findest, steck es ein, das auf meiner Seite gehört mir". Im Laufe des Tages merkte ich, daß die anderen Jungs sogar Bestellungen aufgaben, was eventuell zu findende Zigaretten anbelangte. Auf Deutsch gesagt: wir klauten wie die Raben. Das Mittagessen mußte zumindest als Kleingeld ergattert werden, die nötigen Zigaretten für die ganze Mannschaft mußten auch bei der Arbeit herausspringen. Wär ich nicht ein blöder Deutscher, so hätte ich vermutlich mit weniger Kraftaufwand meine Zeit bei der Wal-Car-Wash verbringen können. Doch ich schmiß mich ins Zeug – es war unser erster Job – rackerte wie ein Besessener und schon nach einer Woche stand ich alleine mit dem Staubsauger an der Ecke der Tankstelle und durfte alleine die Autos aussaugen. Man sparte den zweiten Mann und ich bekam keineswegs mehr Geld dafür. Jeden Tag neu in der Reihe anstellen, neu eingestellt werden. Es gab die Stunde 1 Dollar 35, jeden Donnerstag wurde das Geld, das man mühsam erarbeitet hatte, ausbezahlt. Regnete es einmal oder war wirklich wenig los, so wurde die Gruppe auf das Minimum reduziert und war kein besseres Wetter abzusehen, so schickte man die Leute nach Hause. Selbstverständlich wurden nur die Stunden bezahlt, die man gearbeitet hatte. Als Vakuumcleaner oder Staubsauger konnte ich natürlich nicht mit den Autos fahren, die mich doch schon manchmal dazu reizten. Rolls Royce Silver Shadow, Ford Mustang, Jaguar I-Typ, Chevrolet Corvette, das waren Fahrzeuge, die mich begeisterten. Ich schuftete noch schneller, um dem Fahrer zuvorzukommen, der die Wagen bei mir abholte und auf ein Förderband bugsierte und für ein paar Meter

Rolls-Royce-Fahren wirkte meine Arbeit wohl wie Zauberei. Der Manager erwischte mich dabei und sagte: „Junge, für Dich übernehme ich keine Verantwortung. Wenn der Fahrer etwas kaputt macht, dann ist er versichert, aber Du bist hier als Sauger eingestellt. Laß bitte Deine Experimente, mach Deine Arbeit und überlaß das Fahren dem Andern". Der Andere, das war ein Tscheche, der sich über mich amüsierte und immer wieder ein Auge zudrückte, wenn ich ihm doch entgegentuckerte im ersten Gang, strahlend, eine der Luxuskarossen wenigstens ein, zwei Meter zu fahren. Natürlich fiel ich wieder damit auf und eines Tages kam es, wie es kommen mußte: der Fahrer war krank, es mußte ein Ersatz gefunden werden und was lag näher als mich für den kranken Tschechen einzustellen. In diesen Tagen brachte ich das ganze Förderband durcheinander. Es war gar nicht so leicht, mit dem rechten Vorderreifen in die schmale Bandstraße zu fahren. Entweder stauten sich die Fahrzeuge oder es dauerte ewig, bis am Ende der Anlage ein neues Auto erschien. Abends war ich fix und fertig, wenn ich nach Hause kam und manchmal bildete ich mir tatsächlich ein, irgendjemand hätte mir all diese Scheiße gewünscht, um sich über den Bloody-German halb tot zu lachen. Chick hingegen war ganz zufrieden. Er hatte seine Arbeit ruhig und gewissenhaft gemacht, sich nicht so ins Zeug geschmissen wie ich und kam abends eigentlich genau so ausgeruht nach Hause, wie er am Morgen zur Arbeit gegangen war.

4

Unsere Freizeit verbrachten wir damit, das Haus etwas schöner herzurichten; wir bauten Möbel. Jeder von unserer Wohngemeinschaft hatte sein Zimmer, sein eigenes Reich so hergerichtet, wie er es nach seinem Geschmack schön fand. Nach und nach lernten wir auch mehr Leute kennen. Nicht selten bekamen wir abends Besuch, saßen im Sunroom zusammen, tranken Wein mit deutschem Namen und wunderten uns darüber, wie der wohl hierher nach Australien kam.

Es war australischer Wein, der von deutschen Siedlern, die in der Mitte des vorigen Jahrhunderts ins Land strömten, angebaut wurde. Vornehmlich in Mittel- und Ostaustralien, in Gebieten, die heute noch durch Sitten, Familien- und Ortsnamen auf die alte Heimat hinweisen. Der Weinbau, durch deutsche Siedler in Australien eingeführt, ist inzwischen zu einem der wichtigen Wirtschaftszweige des Landes geworden. So kann man Namen wie Lindemann, Hoffmann, Kaiserstuhl auf den Etiketten der Flaschen lesen. Es waren deutsche Siedler aus Schlesien, die hier im vergangenen Jahrhundert Fuß faßten. Sie versuchten vergeblich, ihre neue Heimat Neuschlesien zu nennen. Es blieb bei Barossa-Valley. Das sanft geschwungene Hügelland hinter Adelaide, dessen 73 000 qkm vielerlei Weine einbringen, feiert alle zwei Jahre ein Weinfest mit Maibaum, Liedertafel und schlesischem Streuselkuchen. Obwohl auch der Getreidebau und selbst der Bergbau in Südaustralien maßgeblich von deutschen Siedlern gefördert wurden, ist das Barossatal seines ertragreichen Weinbaus wegen das eindruckvollste Zeugnis der deutschen Kolonisation. Erst deutsche Einwanderer landeten 1838 in Südaustralien. Es waren Lutheraner, die ihr Vaterland um ihres Glaubens willen verließen. König Friedrich Wilhelm III. von Preußen hatte ihren Eintritt in die unierte preußische Landeskirche erzwingen wollen, in der auch die Reformierten aufgegangen waren. Viele Gemeinden waren schon nach Amerika ausgewandert. Im Juni 1838 reisten 250 Mitglieder der lutherischen Gemeinde Klemzig bei Züllichau in der Mark Brandenburg von Hamburg aus mit dem Pastor Kavel über Plymouth nach Adelaide. Ihre Siedlung Klemzig ist heute ein Vorort von Adelaide. Ein zweite Gruppe Lutheraner, die in den Hügeln von Adelaide siedelte, nannte ihr Dorf nach ihrem hilfreichen Kapitän Hahn: Hahndorf. Eine Gemeinde von 274 Seelen, die mit ihrem Pastor Fritsche im Oktober 1841 eintraf, siedelte in einem Tal, das sie Lobetal nannten. Ein Teil von ihnen gründete Anfang 1842 die Siedlung Bethanien, heute Bethany, im Barossatal. Als Dankgeschenk für ihre Aufnahme gründeten die Deutschen eine Mission unter den Ureinwohnern. Diese Mission Hermannsburg wirkt heute am Finkeriver westlich von Alice Springs. Ein Frankfurter Geologe, Dr. Johann Menge – er war kein Einwanderer, sondern von der South Australian Company ins Land geholt um Mineralien aufzuspüren – empfahl, im Barossatal Wein anzubauen. Der Frankfurter war sich sicher, hier in ganz Neuschlesien werde man Weinberge blühen sehen. Den ersten Jungfernwein gab es 1850 bei Gramp. Noch heute halten Familiennamen wie Gramp, Seppelt, Henschke, Büring, Liebig, Basedow, Zobeln, Hoffmann das Gedächtnis an die Vorväter jener Weingutsbesitzer wach. Doch die heutigen Weinbauern reden kaum noch Deutsch.

5

Traudl arbeitete als Dekorateur in 3 kleinen Boutiquen, die Krankenschwester aus Berlin hatte Arbeit gefunden in einem Krankenhaus. Chick und ich waren mehr oder weniger zufrieden mit unserer Arbeit an der Tankstelle. Zu Hause in Deutschland hatte ich mir immer vorgestellt, wie herrlich es sein müßte, mit dem Motorrad bei strahlendem Sonnenschein am Meer entlang zu fahren, hinweg über die Highways zu rasen und das Land auf dem Sattel einer Maschine zu genießen. In Deutschland hatte ich keinen Motorradführerschein und wußte nicht, wie ich es anstellen sollte, in Australien in den Besitz einer Driving-Lizenz zu kommen. Unsere zahlreichen Freunde wußten Rat, klärten uns auf darüber, daß es hier eine Art Prüfstelle gibt, vor der man 28 Fragen beantworten muß, wobei aber nur die Hälfte richtig zu sein hat. Ich stellte mir dies nicht allzu schwer vor, da ich ja schon jahrelang in Deutschland Auto gefahren war. So machte ich mich mit Chick auf den Weg nach Roseberry, den Stadtteil kannten wir schon allzu gut von unserer Zeit der Arbeitssuche her und landeten nach kurzer Wartezeit vor einem Prüfungspolizisten. Der begann, uns die Fragen zustellen. Ich verstand die Hälfte nicht und konnte mir den Inhalt so mancher Frage überhaupt nicht erklären, geschweige denn, eine richtige Antwort geben. So wurde ich gefragt: „Woran erkennst Du eine Stadt?" Die richtige Antwort wäre gewesen: an der Straßenbeleuchtung. Eine andere Frage war: „Was muß man dabei haben, wenn man auf einem Motorrad jemanden mitnehmen will?" Die richtige Antwort wäre gewesen: einen Rücksitz. Stock crossing heißt: hier wechseln Schafe über die Straße. Also alles Fragen, die man sich als Deutscher ohne Vorkenntnisse gar nicht vorstellen kann. Nach diesem Dilemma hieß es natürlich: durchgefallen. Der freundliche Polizist gab uns eine Broschüre mit nach Hause, die wir studieren sollten, was aber auch nicht viel nützte. Wir glaubten schon nach einmal Durchlesen alles zu wissen und fielen natürlich nochmal durch. Ein Inserat in der Zeitung „Deutsche Fahrschule" erregte meine Aufmerksamkeit. Mit Hilfe dieses geschäftstüchtigen Schwaben bekam nicht nur ich meinen Führerschein, sondern auch Chick, der noch nie im Leben weder ein Auto noch ein Motorrad gefahren war. Ich glaube, Chick hatte zu dieser Zeit noch nicht einmal Ahnung, wie man ein Fahrrad fährt. Es kostete uns zusammen 30 Dollar Schmiergeld, und wir waren im Besitz der gültigen Fahrerlaubnis. Eine Millionenstadt wie Sydney hat für alles, was man sich nur erträumt, eine Straße. So gab es auch eine ganze Straße für neue und gebrauchte Motorräder, angefangen von normalen Serienproduktionen bis hin zum ausgefallenen Umbau einer Harley Davidson Easy Rider Maschine. Ich verliebte mich auf den ersten Blick in eine kleine 175er Honda Geländemaschine. Diese kleinen Maschinen gab es damals noch nicht bei uns in Deutschland und ich fand sie wie geschaffen für das Motocrossfahren über Dünen und Sandstrand. Es gibt in Australien geradezu einen Wettkampf, über den hartgebackenen Strand bei Ebbe hinwegzusausen, der durch das Wasser doch zahlreiche kleine Rinnsale aufweist und wenn das Meer zu dieser Zeit ruhig plätschert, macht es einen Riesenspaß, das Wasser aufspritzen zu lassen, so daß es nach der Seite hoch hinwegspritzt. Doch zuerst mußte die Maschine aus der Innenstadt durch zahlreiche Stadtteile hindurch nach Nordsydney zu unserem Haus nach Bondi Beach in der Francisstreet gebracht werden. Da gibt es kein Hosenscheißen und nichts wäre lächerlicher, als eine Maschine stundenlang durch die Vororte zu schieben. Ich hatte zwar eine Fahrerlaubnis, doch war ich noch niemals in meinem Leben Motorrad gefahren und in Chick besaß ich keine große Hilfe. Wir setzten uns auf das Vehikel, ich trat den ersten Gang hinein, ließ die Kupplung langsam kommen, gab Gas und schon war die Maschine wieder aus. Doch kein Meister ist vom Himmel gefallen. Beim nächsten Versuch klappte es. Wir fuhren durch belebte Straßen; vierspurig ging es durch die City, immer daran denkend, es herrscht hier Linksverkehr. Mein Gott, schon war es vergessen! Wie kommt der Riesenbus vor uns? Herrje, wir sind auf der falschen Seite. Es war ein regelrechter Horrortrip!

6

Traudl konnte es nicht fassen, daß ich ein Motorrad gekauft hatte. Sie hielt mich für einen Wahnsinnigen, so viele Risiken einzugehen. Doch am Abend saß sie hinten auf. Wir fuhren nach Double Bay. Hier gab es einen kleinen Jachthafen, einen Bootssteg – nach Teer, nach Fisch, nach Sonne, nach Öl, nach Bezin duftend –, warme Holzplanken luden uns zum Niedersitzen und die Füße baumelten im Meer. Die Hafeneinfahrt lag da wie ein großer glitzernder See. Kleine und große Segelboote sausten im Gegenlicht der untergehenden Sonne dahin wie weiße springende Fabelwesen in einem Zeichentrickfilm. Links vor uns, wie eine riesige Muschel aus dem Meer aufsteigend, das Sydney-Opernhaus. Dahinter ein schwarzer stählerner Riese, die Sydney Harbour Bridge. Das alte und das neue Wahrzeichen wie für Postkartenaufnahmen geschaffen, hintereinander aufgereiht. Wieviele Skandale und Skandälchen gab es schon um die Sydneyoper. Nichts desto trotz segelt der Wunderbau als Riesenskulptur auf einer Landzunge mitten im Hafen und zeigt den einfahrenden Schiffen und Flugzeugen: dies ist Sydney, dies ist Australien. Mißverstanden von den Zeitgenossen, wie kann es anders sein, ein Wahrzeichen, ein Symbol, ein Weltwunder schon beim Entstehen. Die Öffentlichkeit hatte damals ihren Skan-

dal. Über Länder und Meere drang ein wildes Geraune. Schimpfworte wie: Segelflottille, Weißer Wal, Segmente einer Kugel, Riesenmagnolienblüte und Muschelkolonie waren noch Kosenamen. 18 Jahre hat es gedauert, 1965 beginnend, bis die Bauzeit zu Ende war. Viele Kräfte wollten den Bau ständig verhindern und die Welt sprach von der komischsten Oper der Welt. Für den Architekten war es eine Tragödie, für die Australier gab es doch noch einen glücklichen Ausgang. Zum Schluß hatte der Bau 400 Millionen DM gekostet. Es gab eine Nationale Lotterie, Frauenvereine veranstalteten Opernparties und öffentliche Sammlungen. Doch alle Beteiligten hätten sich die Aufregungen und Enttäuschungen ersparen können, wenn sie die europäische Baugeschichte besser studiert hätten. Zu Beginn des Jahrhunderts und dann in der Zeit des Aufbruchs zu neuen Zielen, am Anfang der 20er Jahre, gab es Pläne für begehbare Riesenhohlplastiken. Eine ganze Fülle utopischer Entwürfe phantastischer Architektur, die größten Architekten hatten sich damit beschäftigt, so Gaudi in Spanien; Mendelssohn, die Gebrüder Taut, Scharoun in Deutschland; Wright in den USA und viele andere. Seit man mit Beton baut, faszinierten Schalenkonstruktionen die Architekten. Doch der finanzielle Aufwand ließ die meisten Entwürfe scheitern. Doch Konstrukteure wie der Italiener Hervi, der Finne Eero Saarinen, der Japaner Kenzo Tange waren von den Ideen besessen. Schalenkonstruktionen gehören zu den faszinierendsten Ausdrucksmitteln heutiger Architektur. Kein Gebäude hat mehr gekostet als Sydneys Opernhaus. Es war ein Mißverständnis von Jörn Utzon, daß er das im weiten Kontinent Australien zu finden hoffte, was als Bauwerk dieser Größe schwer zu erreichen ist: Vollkommenheit, die innige Verbindung von Phantasie und genauester Berechnung, von Kunst und Kalkül.
Wir saßen in Double Bay auf dem hölzernen Anlegesteg und ließen noch immer unsere Füße im kühlenden Meerwasser baumeln und wußten noch nicht, daß am 20. Oktober 1973 in Anwesenheit der brtitischen Königin, in Abwesenheit der Sängerin Joan Sutherland und des Nobelpreisträgers Patric White – Australiens weltberühmten Künstlern – und auch in

Abwesenheit von Jörn Utzon das Bauwerk des Jahrhunderts eingeweiht wurde.

7

Die eifersüchtigen Rivalen Sydney und Melbourne, die Hauptstädte von Neusüdwales und Victoria gönnen einander nicht die Würde einer Bundeshauptstadt. Vielleicht ist es so zu verstehen, daß diese Städte immer wieder nach Monumenten suchen, die sie durch ihre Größe und gigantische Wirkung in den Vordergrund rücken. Aber auch die Metropolen der anderen Staaten des Commenwealth of Australia Brisbane und Adelaide, Hobart und Perth halten sich jeweils für etwas völlig unvergleichliches. Australien ist ein großer Kontinent. Als er besiedelt wurde, erschienen die Entfernungen so groß, daß selbst der Gedanke an Landverbindungen zwischen den verschiedenen Städten unvorstellbar war. Brisbane, Sydney, Melbourne, sie alle richteten Eisenbahnsysteme ein, doch alle mit verschiedenen Spurweiten. Damals entstanden 6 einzelne britische Kolonien, jede hatte ihr eigenes Parlament, ihren eigenen Gouverneur. Sie glichen getrennten Inseln. Die Leute gaben sich sogar gegenseitig Spottnamen. Die Westaustralier nannte man Sandbuddler, die Südaustralier Krähenfresser, die Queensländer Bananenknicker, die Viktorianer Kohlbauern, die Leute aus Tasmanien Sturmvogelesser und die Bewohner von Neusüdwales Mamastaatler. 1901 föderierten die 6 Kolonien nach 20jährigen Verhandlungen. Die gemeinsame Hauptstadt mußte auf halbem Weg zwischen den beiden größten Städten Sydney und Melbourne liegen. Ihre Rivalität war so brisant, daß keine von beiden die nationale Hauptstadt werden konnte. Eifersucht und Mißtrauen sind zwar nicht mehr so stark wie ehemals, aber sie leben fort. So hat auch Australien seine ganz menschlichen Probleme. Das vom Rest der Welt seit mindestens 50 Millionen Jahren geographisch getrennte Australien ist der flachste aller Kontinente. Nur wenig mehr als die Hälfte seiner Oberfläche liegt höher als 300m über dem Meerespiegel. Dieser Teil wiederum befindet sich hauptsächlich in einem Gebirgsbogen, der sich vom nördlichen Queensland in südliche Richtung bis zur Bass Strait und weiter bis nach Tasmanien hinein erstreckt. Im Westen dieses Gebirgszuges liegen der Hauptteil des Kontinents und die Region mit den charakteristischsten Merkmalen. Die Wüsten aus Sand, Stein und Lehm, diese auf den ersten Blick abschreckend und unwirklich erscheinenden Landschaften sind nur für den Menschen der Neuzeit freudlos, denn sie bildeten die Stätte, an der die Natur die Auswirkungen einer lange währenden Isolierung am überzeugendsten demonstriert. Hier entwickelten sich Lebewesen, die auf keinem anderen Kontinent ihr Gegenstück haben; sehen wir einmal ab von kleinen Vorkommen in Südamerika, mit dem Australien vielleicht einmal als Bestandteil eines großen südlichen Kontinents verbunden war. Beuteltiere, die sich in fast ebenso vielen Erscheinungsformen und ökologischen Nischen verbreiteten wie ihre fortgeschritteneren plazentalen Gegenstücke in anderen Teilen der Welt und die noch seltsameren Monotremen, eine merkwürdige Gruppe, deren Vorfahren bis zu jenem Zeitpunkt zurückverfolgt werden können, in dem sich von den früheren Reptilien die primitiven Säugetiere abspalteten.

Mit 768 700 qkm und 14 Mill. Einwohnern ist Australien die größte Insel und der kleinste Kontinent der Welt. Das ist etwa $^3/_4$ so groß wie Europa, doch nur 15% des Landes eignet sich für Landwirtschaft, der Rest sind große Wüstengebiete. Das Land teilen sich zu $^2/_3$ englische Einwanderer, $^1/_3$ große Minderheiten von Italienern, Griechen, Deutsche, Tschechen und Ungarn. Zu dieser Gruppe zählte auch unsere Wohngemeinschaft, die erst vor kurzer Zeit auf die Insel gekommen war und als Krankenschwester, Dekorateur und Chick und ich als Autowascher eine Beschäftigung gefunden hatte. Wenn man Arbeit hat, läßt es sich leben in Australien, doch muß man gestehen, daß es nicht gerade billig ist. Die enorm hohen Mietpreise und die Lebensmittelkosten machen es schier unmöglich, auch noch etwas Geld zu sparen. Das ist die Tragik der Einwanderer, die wohl fast alle Heimweh haben und nach jahrelanger harter Arbeit gerne die alte Heimat einmal zumindest besuchen möchten. Dann wird gerne auf das Land geschimpft, das ständig einen neuen Streik aufzuweisen hat, von dem alle irgendwie betroffen sind. Viele Einwanderer vergessen dann, daß sie ein Land in Erinnerung haben, das schon längst nicht mehr so ausschaut, wie es damals war, als die griechischen, italienischen oder deutschen Familien es verließen und nach Australien gingen.

8

Wir hatten uns einige Literatur beschafft über die Ureinwohner des Landes. Hier und da hatte ich in den Straßen diese braunen, scheuen Menschen gesehen und mir kam es so vor, als ob ihnen Sydney , diese 4-Millionen-Stadt Angst einjagte. Scheue Augen sahen mich an, wenn ich versuchte, in den Gesichtern zu lesen. Viel, viel früher, nämlich vor 18 000 Jahren kamen die Aborigines nach Australien. Ihre Ursprünge reichen also bis in die letzte Eiszeit, in der sie, wie man annimmt, in Südindien, in Ceylon, in Malaya Fuß faßten, in Celebes und Neuguinea. Sie alle haben dunkelbraune Haut, pechschwarzes Haar. Man nimmt ferner an, daß fast alle Stämme der Aborigines vor Millionen von Jahren vom Rest der Menschen getrennt lebten. Als diese geheimnisvolle Rasse Australien erreichte, gebrauchten die Bewohner der Erde Steingeräte, waren nomadisierende Jäger und Nahrungssammler. Die Aborigines sind es noch heute. Längst sind die einstigen Jagdgründe und Wasserstellen der vielen kleinen Stämme von Viehzüchtern im Outback und deren Herden besetzt. Was für das braunhäutige Völkchen frei blieb ist versumpfter Dschungel oder steinige Wildnis, mit nur geringem Bestand an eßbaren Tieren und Pflanzen. So exisitieren sie am Rande des Fortschritts, leben von Wohlfahrt und Almosen, arbeiten lustlos als Tagelöhner, lassen sich in den Missionstationen teilnahmlos bekehren, zutiefst verwirrt durch den Einfall der Moderne in ihre Welt. Chick und ich stellten fest, als wir später durch das Land zogen, daß jene noch am besten dran sind, die als Stockmen, als Viehhirten, auf den tausenden von Hektar großen Stationen arbeiten. Auf den endlosen Weidefla-

chen findet der Wandertrieb, der ihrer Rasse eigen ist, Befriedigung genug. Sie alle sind erstklassige Reiter, kennen jedes Stück Rind, das zum Besitz ihres Herrn gehört, folgen einer in Panik auseinanderbrechenden Herde hunderte von Meilen und treiben sie zusammen und zurück. Von altersher aber ist ihnen eine merkwürdige künstlerische Begabung eigen, die sich vornehmlich in Gesängen und Tänzen, wie dem *Coroboree* auslebt. Sie schnitzen schöne Ornamente in ihre Geräte, stellen aus Federn und Bast festlichen Schmuck für die Frauen her und aus Känguruhzähnen gefertigten Zierrat. Da ist das *Wowoodteyedla,* das die in den Kreis der Männer aufgenommenen Jünglinge im Haar tragen. Da sind die *Mulasakka,* die bemalten Schilde aus Rinde und da ist natürlich der legendäre *Pangkiye,* der Bumerang, der im Wurf in die Hand des Besitzers zurückkehren soll. Schließlich sind da die Wandmalereien auf Holz und Rinde, symbolische Darstellung von Menschen, Tieren und Geistern. Ein mystische Welt, die wir beschließen, kennenzulernen.
In La Perouse, einem Stadteil von Sydney, lebt eine kleine Gruppe von Aborigines. Die Sozialbehörde hat ihnen Unterkünfte zur Verfügung gestellt und für uns ist es interessant zu sehen, wie diese Leute hier leben und vielleicht einige Geschichten zu erfahren über ihr Volk und das Land, das der Australier Outback nennt. Als wir dort ankommen, sehen wir nur verfallene, verwahrloste Hütten und furchterregend aussehende Hundemeuten. Uns ist wirklich mulmig zumute, denn die Hunde sehen nicht gerade friedfertig aus und scheinen das kleine Eingeborenendorf zu bewachen. Ich hatte mir in den Kopf gesetzt, mit den Leuten zu reden und so wagte ich doch, näherzukommen. Nun sahen wir auch Kinder, die unter Palmen saßen und mit Steinen und Palmwedeln spielten. Das Dorf liegt direkt am Meer und die Idylle war trügerisch. Wir schenkten den Kindern Silbermünzen und begannen auf Englisch ein einfaches Gespräch. Es dauerte lang, bis ich die ersten Erwachsenen zu sehen bekam. Mißtrauische Menschen, die von den Weißen bisher nur hintergangen worden waren. Wir stellten uns als Deutsche vor und ich weiß nicht, ob sie überhaupt wußten, was das ist, wo das ist, Germany.

Ich mußte mir die Frage abgewöhnen, einen Aboriginal zu fragen, was er wohl mache, denn sie tun nichts. Sie leben von der 15-Dollar-Sozialhilfe und da ihr Leben keinen Sinn hat und der weiße Mann ihnen auch noch ihre Religion genommen hat, die wohl ihr ganzes Leben, ihr tägliches Tun früher einmal bestimmte, sind sie alle mehr oder weniger dem Alkohol verfallen.
Je später es wurde und je länger ich bei den Menschen am Rande von Sydney saß, desto trauriger wurde ich. Es war schon dunkel geworden und am Himmel stand das Kreuz des Südens, als ein alter bärtiger Aboriginal die Geschichte erzählte, wie das Kreuz des Südens entstanden ist. Bei der Erschaffung der Erde erschuf Gott zwei Männer und eine Frau und befahl ihnen, sich von Pflanzen zu ernähren. Aber eine große Dürre kam und alle Pflanzen verdorrten. Da erlegten sie ein Känguruh und aßen es. Aber einer der beiden Männer weigerte sich, von dem Fleisch zu essen und ging fort. Hunger und Durst schwächten ihn und schließlich brach er unter einem großen Eukalyptusbaum zusammen. Da öffnete sich der Baum und heraus kam ein Geist mit glühenden Augen. Der ergriff den Mann und nahm ihn mit in den Baum hinein und dann fuhr der Baum mit dem Geist und dem geretteten Mann hinauf in den Himmel, verfolgt von den wütenden Kakadus, die ihren Baum behalten wollten. Aber der Baum flog schneller und verschwand in den Wolken und seitdem schauen die glühenden Augen des Geistes und des Mannes, der kein Känguruhfleisch essen wollte, als Kreuz des Südens vom Himmel herab und die beiden weißen Kakadus, die schließlich doch noch ihr Ziel erreichten, sitzen zu beiden Seiten als Arme des Kreuzes.
Nach dieser Geschichte glaubte ich das Vertrauen des alten weisen Mannes gewonnen zu haben. Die Frage nach den Baumgräbern, Nestern, die die Eingeborenen in den großen Eukalyptusbäumen bauen, um ihre Toten zu bestatten, Fragen nach dem Coroboree, werden mir nicht mehr beantwortet. Der Alte schweigt und für diesen Tag verlassen wir La Perouse.

In Australien kommt die Nacht sehr schnell und sehr früh. Es war schon lange dunkel, als wir an diesem Tag nach Hause kamen und in Gedanken waren wir immer noch bei den Aborigines, als wir schließlich in Bondi Beach die Francisstreet erreicht hatten. Es waren Australische Freunde da, die schon auf uns warteten. Michèle der Franzose war da mit seiner Frau und die Krankenschwester aus Berlin war auch schon zu Hause. Traudl und die Gäste warteten mit dem Abendessen und ihnen und uns mochte es gar nicht so recht schmecken. Nach dem was wir gesehen und gehört hatten, brachten ein paar Worte eine nicht enden wollende Diskussion in Gange, die bis in den frühen Morgen geführt wurde. Wie die meisten Australier waren auch unsere Freunde der Meinung, daß es schier unmöglich sei, den Aborigines Bildung beizubringen. Ich hielt es für geradezu unerträglich, daß die schwarzen Australier keine Menschenrechte besaßen. Ein Mensch, der keinen Personalausweis besitzt, ein Mensch, der eigentlich kein Recht hat zu wählen, ein Mensch, der kein Land besitzt, auf dem er leben kann, das ihm Nahrung und Wasser und einen Unterschlupf bietet vor der Natur, den man mit einer Religion überzeugen will, die so gar nicht in diese Welt paßt, in dieses Land, das zu $^2/_3$ aus Wüste besteht.
Es gibt fünf verschiedene Wüstenarten: die Sand-, Stein-, Berg-, Schild- und Lehmwüste. Jede der Wüsten ist eine Schöpfung des Klimas, das bedingt durch die atmosphärischen Kräfte des Windes, des Regens, des Frostes und der Temperaturschwankungen, die oberen Schichten der Erdkruste verwittert hat. Kein Weißer kennt diese Wüsten so wie die Eingeborenen, kein Weißer mußte hier so leben wie die Eingeborenen. Zum Essen gibt es hier nur Schlangen, Beutelratten und verschiedene Arten von Känguruhs. Es gibt sie noch heute, die kleinen Gruppen schwarzer Menschen, die durch die Wüste ziehen, lautlos, den ganzen Körper mit Blutstreifen bemalt, die von der Brust bis zu den Knien laufen. Auf dunkelrote Streifen haben sie weiße Daunenfedern geklebt. Auch das ganze Gesicht ist mit den blutigen Daunen beklebt, nur der schwarze Bart und die blitzenden Augen sind frei. So feiern sie das Coroboree und tanzen die Emu-Tänze. An ei-

nem Wasserloch bauen sie sich Windschirme aus Zweigen und Baumrinde und über dem Feuer, das sie mit Firesticks, zwei dünnen Hölzern, die aneinander gerieben werden, entzünden, braten sie die erlegte Beute. Der Emu-Tanz soll die guten Geister freundlich stimmen, damit sie mehr Emus in das Jagdgebiet der Eingeborenen senden. Jeder Tanz ist ein Sinnbild für wichtige Ereignisse im Leben der Eingeborenen. So gibt es Tänze, die den Regen bringen sollen, oder Glück bei der Känguruhjagd, andere sollen Tod und Krankheit abwenden, und von einem anderen Tanz erhofft man sich Hilfe der Geister bei Rachezügen gegen Feinde. Bei diesem Gespräch kann ich sogar meine australischen Freunde verstehen, wenn sie meinen, das paßt gar nicht in unsere heutige Zeit.
Doch können wir nicht von diesen Menschen auch eine ganze Menge lernen? Wer von uns könnte denn in solch einer Welt, unter solchen Bedingungen überleben und wie Grzimek für ein Land, für ein Gebiet der Tiere Afrikas bat, versuchte ich, die Australier von der Notwendigkeit eines freien Landes für die Aborigines zu bitten. Verständnis für ein Volk, Verständnis für Menschen, die man so stark schon dezimiert hatte, als wir nach Australien kamen. Es gibt keine korrekten Zahlen und die Australier schämen sich – glaube ich – heute, wenn man sie danach fragt, wieviel Aborigines noch heute leben und wieviele es einmal waren. So erfährt man einmal, daß es nur 150 000 gab, als die ersten Weißen ihren Fuß auf das Land setzten und heute seien es noch 60 000. Eine andere Zahl ist: 300 000 gab es bei der Europäisierung des fünften Kontinents und 30 000 noch heute. Die Wahrheit ist, daß man tausende und aber tausende umgebracht hat, abgeknallt, erschlagen und vergiftet mit Mehl. Doch ist es schwer, als junger Deutscher hier Ankläger zu sein und gerade wir, die auf eine Vergangenheit zurückblicken müssen, die viel schlimmere, viel grausamere Zahlen aufweist. So kann ich mir nur wünschen, daß die heute noch lebenden Aborigines einen Führer finden mögen, der ihnen einen Weg weist, ihre Rechte zurückzubekommen. Sie zählen bestimmt zu den Ärmsten der Minderheiten auf der Welt, die um ihr Recht und ihre Anerkennung kämpfen.

9

Durch einen Deutschen aus Freiburg, der mit uns kurze Zeit an der Tankstelle arbeitete, lerne ich Georg kennen. Georg ist gebürtiger Schweizer und lebt schon seit 8 Jahren in Australien. In dieser Zeit hat er vom Flugzeugmonteur angefangen, über Taxifahrer und Fahrlehrer die verschiedensten Berufe ausgeübt. Als ich ihn kennenlernte, möchte er gerne etwas Neues anfangen. Es muß im Freien sein, in der Natur, unter dem blauen Himmel, irgendetwas, was mit Gartenarbeit zu tun hat. Ich rauche mein Maiskolbenpfeifchen, versuche meine Gedanken zu sortieren, als Chick uns die Tageszeitung, den Sydney Morning Herold, auf den Tisch knallt. „Jungs lest doch mal die Stellenanzeigen, da werden Privatgärtner gesucht, Leute die den Rasen mähen, daraus läßt sich doch was machen." Das ist gar nicht so schlecht. Wenn wir einen Stationswagen hätten, also einen Caravan, brauchten wir nur noch zwei Rasenmäher zu kaufen, einen Edgecutter zum Kanten schneiden, Besen, Rechen und Schere und das Geschäft wäre ausgerüstet. Unser junges Unternehmen tauften wir „Martinis Lawn-Service". Georgy hieß mit Nachnamen Martini und auf ihn sollte das Geschäft laufen. Trotzdem glaube ich nicht, daß er jemals auch nur einen Pfennig Steuern bezahlt hat. Das war mir auch egal.
Die neue Arbeit machte riesig Spaß und das was wir verdienten, war mehr als wir erhofft hatten. Am Anfang mußten wir natürlich einen Kundenkreis gewinnen, doch dies war nicht sehr schwer. Wir hatten in bestimmten Zeitungen inseriert und uns von Anfang an nur auf die Nobelstadtteile Sydneys konzentriert. Das waren: Double Bay, Rose Bay, Kingscross, Bondi und ein paar „Ausrutscher" in Bondi Junction. So mußten wir nicht über die Sydney Harbour Bridge fahren und hatten ein Gebiet, das wir in sich ständig wiederholendem Rhythmus abfahren konnten. Manche Kunden ließen sich davon überzeugen, allwöchentlich ihren Rasen schneiden zu lassen, andere alle zwei oder drei Wochen. Der Kundenstamm wuchs und wuchs und wir arbeiteten nicht selten 12

bis 14 Stunden am Tag. So lernte ich die Millionäre der Stadt kennen und zu Anfang dachte ich nicht selten, Georgy und ich wären die Gärtner in einem Hollywoodfilm. Unsere besten Kunden hatten Villen auf weißen Marmorsäulen, deren gepflegte Rasenanlage sich bis zum Ufer des leicht plätschernden Hafenbeckens erstreckte. Swimmingpool, Motorjacht und Automobile der Nobelklasse konnte man hier bewundern. Diese Leute hatten einen Service für alle möglichen Arbeiten, die sie nicht mehr selbst verrichten wollten. Nicht selten standen drei, vier Autos vor den protzigen Villen und wir arbeiteten zusammen mit einem Team, das den Swimmingpool säuberte, ein anderes, das Teppichboden reinigte und wieder ein anderes, das damit beschäftigt war, die Fenster zu putzen. Wir rasierten den Rasen und wie alle Australier legte der Hausherr einen ganz besonderen Wert auf seine Grünfläche. Es ist geradezu ein Kult in Australien, wie man darauf bedacht ist, einen makellosen Rasen sein eigen zu nennen.
Schon bald waren wir Spezialisten, es sprach sich herum; Mundpropaganda ist die beste Werbung und so wuchs unser Geschäft, daß wir schon mit dem Gedanken spielten, ein neues Auto dazuzukaufen und zwei andere Einwanderer anzulernen und irgendwann in fünf, sechs Jahren Unternehmer zu sein, die nur noch damit beschäftigt sind, das Geld zu zählen und die Angestellten am Ende des Monats auszubezahlen. Schließlich bekamen wir noch von einigen Häusermaklern, die auch wenn die Häuser vermietet sind, sie noch weiter verwalten, als Auftrag, große Anlagen am Fuße der Hochhäuser zu pflegen. Wir hätten zufrieden sein können, wäre eines Tages nicht auch diese schöne Seifenblase geplatzt.
Irgendwie ärgerte es meinen Schweizer Freund Georgy, daß ich die Hälfte von dem Kuchen abbekam. So machte er mir den blödsinnigen Vorschlag, er würde mich als Angestellten bezahlen und ich bekäme in der Stunde 2 Dollar. Nun hatten wir schon so lange zusammen gearbeitet und ich wußte natürlich, was wir verdienten, und es war für mich geradezu ein Schock, daß mich Georg so abspeisen wollte. Ich reagierte wahrscheinlich zu spontan, stieg aus dem Auto aus und sagte: „Georgyboy, mach's gut, mein Junge, Du darfst alles für Dich

haben, von heute an bist Du Alleinunternehmer" und ließ meinen Freund Georg mit all den schönen Jobs alleine. Er bekam nie einen Partner, mit dem er sich verstand und arbeitete noch einige Zeit allein. Er hat wohl nie mehr das verdient, was wir früher im Team gemeinsam erarbeitet hatten.

10

Ich stand wieder da, ohne Arbeit, machte ein kurzes Gastspiel in der Car-Wash, überlegte aber, was ich aus meinen vielen neuen Bekanntschaften, die ich durch die Arbeit kennengelernt hatte, herausschlagen konnte. Chick hatte bei Georgs Schwager Arbeit gefunden, der auf den Opalfeldern von Coober Peedy reich geworden war. Dieser holländische Gehirnamputierte hatte sich in den Kopf gesetzt, Glasmosaikkruzifixe herzustellen. Er konnte weder zeichnen, noch hatte er irgendwelches gestalterisches Geschick und so sprach er mich eines Tages an, ob ich mit ihm nicht zusammen etwas machen wollte.
Auch in der größten Not wäre ich nicht auf die Idee gekommen, Glasmosaikkruzifixe herzustellen. Doch Chick ließ mit sich reden und hatte den verrückten Holländer bald so weit überzeugt, daß es besser wäre, Mosaiktische zu bauen, die es auch noch nicht in Australien zu kaufen gab. Die Jungs mußten bald feststellen, daß es in ganz Australien keinen transparenten Klebstoff zu kaufen gab, mit dem man das Mosaik leicht hätte auf den Untergrund kleben können. Zusammen mit einer Niederlassung des deutschen Konzerns der Höchstwerke erforschten sie eine Mischung aus Sand den sie säckeweise an der Beach holten und mit einem Klebstoff vermischten. Chick war wirklich zu dieser Zeit selig, arbeitete in einem kleinen Atelier und die Tische sahen gar nicht schlecht aus. Ein blinkender Stahlrahmen und eine wunderschöne Glasplatte müßten eigentlich auch den Australiern gefallen und somit hofften sie, ein gutes Geschäft zu machen.
Ich erinnerte mich all der Rasenkunden, die uns immer wieder früher angesprochen hatten, ob wir nicht auch die Hek-

ken, Sträucher und Bäume im Garten pflegen wollten. Damals pflegten wir zu sagen: „Nein, sorry, wir sind nur Rasenspezialisten", aber all diese Leute gab es wohl noch und so machte ich mich auf den Weg mit meinem Motorrad, einer Ledertasche mit Frühstück und Mittagessen auf dem Rücken, in die Nobelstadtteile Sydneys und sprach vor bei den Ladies, die den ganzen Tag zu Hause sitzen, vergessen, den Morgenmantel auszuziehen, die Lockenwickler aus dem Haar zu dröseln, denn dazu müßte man ja die Zigarette aus dem Mund nehmen und aufhören zu telefonieren und all die unwichtigen Dinge zu tun, die sie daran hindern, mit dem Tag fertig zu werden.

11

Nicht selten traf ich solche Lockenwickler-Knottel-Frisuren noch am späten Nachmittag an und die Damen waren heilfroh, endlich jemanden gefunden zu haben, der sich intensiv um den Garten kümmerte. Auch hatten sie jemand, dem sie ihre Stories erzählen konnten und so machte ich es mir gemütlich in den parkartigen Anlagen der Millionäre Sydneys. Die Maiskolbenpfeife im Mund, die Arme verschränkt und das Kinn auf den Spaten gelegt, blinzelte ich nicht selten über das glitzernde, schaukelnde Meer und träumte, träumte den lieben langen Tag vor mich hin, vergaß dabei nicht meine Arbeit. Aber es war eine Arbeit, bei der man es sich erlauben konnte, zu träumen. Es gab keinen, der mich versuchte zu hetzen oder zu dirigieren. Kleine Anweisungen, meist in der Art einer Frage, etwa: „Was würden Sie davon halten, wenn wir dort oder da einen Hibiskus hinsetzen würden" oder „Sind die Kakteen nicht langweilig?" Also alles in allem ein ausgezeichnetes Arbeitsverhältnis. Bei Roses montags und dienstags, bei Earls mittwochs, Davids donnerstags und freitags. So etwa verlief eine Woche nur in der schönen Gegend, gepflegten Umgebung und wenn man ganz allein im Garten war, fühlte man sich oft als Besitzer all dieses Luxus', all dieses Reichtums. Oh großer Gott!

Ich war wirklich reich, ich hatte Zeit, war mein eigener Herr, konnte meine Stunden, meine Tage bestimmen, die ich arbeiten wollte, war abends nicht zerschlagen wie ein Wandsafe nach einem Einbruch und wenn ich Lust dazu verspürte, so kurvte ich schon nachmittags gegen 4 Uhr mit meinem Motorrad über die Beachpromenade von Bondi Beach, knallte die Maschine in den Schatten und lag bis abends um 7 am Strand mit den Lebenskünstlern, den Surfern und Surfees und liebte mein Leben. Damals begann ich, Australien zu lieben. Das Gefühl, frei zu sein, frei, wie nur ein Mensch sein kann, der keine Verantwortung spürt, der aber weiß, daß es eine Aufgabe ist, zu leben. Chick und ich hatten kein Bild mehr gemalt, seit wir Deutschland verlassen hatten. Wir waren zu sehr damit beschäftigt, all die Eindrücke zu verdauen und zu begreifen, all das viele Neue hämmerte auf uns ein und wir hatten ständig den Eindruck, in einer Spielhölle zu stehen, in der hunderte, tausende von Spielautomaten hängen und ständig würden neue Münzen hineingeworfen und es beginnt ein neues Spiel, es beginnt zu rattern, irgendwelche Bilder tauchen auf und es wird Geld ausgespuckt, das einen höllischen Lärm macht und die Menschen stehen wie besessen, die Gesichter verzerrt zu Fratzen.

Wir begannen, Gedichte zu schreiben, Gedichte, die meist in den Abendstunden geschrieben wurden, als wir vor Sonnenuntergang auf einem Felsvorsprung saßen in Bondi Beach. Unter uns tobte das gewaltige Meer und es sah manchmal so aus, als wollte es mit aller Gewalt den Fels zersprengen. Wir schauten in die Ferne und so etwas wie Heimweh war in unseren Blicken zu erkennen. Manchmal schien es, als wollten wir dort weit hinten Europa, Deutschland erkennen und so entstand mein erstes Gedicht:

„Liliengebüsch.
Leuchtend rot stand der Hügel
auf dem ersten Felsenflügel
weit in langen Linien
– Wellenlinien – Felsenlinien,
Liliengebüsch.
Hoch und herrlich stand die Stadt
nur durch einen kleinen Pfad
weit in langen Linien
– Grenzlinien – Fluglinien –
Liliengebüsch.
Auf den Gräbern und den Hügeln
in den Städten bei den Lilien
führen Linien,
tausend Arten, die sich irgendwo mal paarten,
als man Einigkeit sich schwor."

Und ein anderes Gedicht, das gleich darauf entstand, hieß:

Die Gänseblume.

Als alle die Gänseblume gossen,
mit Verlaub das Licht genossen,
auf den Wiesen Sommer priesen,
war die Welt schon alt und müd.
Durch die Rinnen an den Gassen
schleiften dunkle Wassermassen,
was der Mensch so von sich warf.
Von den Häusern fiel der Putz,
aus dem innren dunklen Schutz,
spie der Eingang zu den Stuben
sauren Mief der kleinen Buben,
was der Magen nicht vertrug.

Keine Vögel in den Gärten,
Lehrer, die Vergeß'nes lehrten,
von den Blumen und den Tieren,
die von bunten Bildern stieren,
war die Welt schon alt und müd.
Als die Kugel dann zerbrach,
da sie nur noch Unrat barg,
konnte keiner es verstehen,
niemand hat den Riß gesehen,
der vor vielen tausend Jahren
keinem Vogel Heimat bot,
damals war die Welt schon alt und tot.

Ich frage mich, wer schreibt denn solche Zeilen, was geht in einem Menschen vor, der solche Zeilen schreibt? Ist er denn wirklich so glücklich, so happy, so frei? Da ist doch eine ganze Menge Angst zu erkennen, Angst vor der Zukunft, Angst vor dem Leben, Angst vor der Umgebung, also Angst vor einer Stadt und Angst vor den Urmächten. Wie entsteht eine solche Angst? Eine solche Angst, die man niederschreibt und wir begriffen, daß wir allein waren, allein in einer Millionenstadt, wo das Leben um uns herum pulsiert und ständig hunderte von Personen um uns herum sind, die wir anfassen können, wenn wir nur wollen und trotzdem sind wir allein. Wir sind Deutsche, Deutsche in Australien. Wir denken Deutsch und wir leben immer noch deutsch und das ist es, was uns unterscheidet von den andern. Und wir spüren, daß wir Außenseiter sind und dieses Außenseiterleben kann man nicht einfach ablegen, ablegen wie eine Armbanduhr oder ablegen wie ein Jackett. Es ist mehr, es steckt mehr dahinter. Ich kann es sehr schlecht beschreiben, doch ich konnte es all die Zeit, all die Wochen und Monate in Australien beobachten.

Und ein drittes Gedicht sagt:

„Möwenbeine nach oben suchen den Himmel,
Möwenköpfe verschoben
brechen aus dem Gewimmel
tausend weiße Körper.
Möwenschreie nach oben
suchen den Himmel,
Menschenköpfe verschoben
brechen aus dem Gewimmel
tausend leerer Körper."

12

Und so verbrachten wir die Zeit, ich als Gärtner mit dem Motorrad unterwegs auf den Grundstücken der Millionäre Sydneys, meine Freundin Traudl als Dekorateur in der swingenden City, Chick bei dem verrückten Holländer als Mosaikdesigner und die kleine Krankenschwester hatte es gar nicht so schlecht getroffen in einem Krankenhaus in *Coogee*-Beach. Und so wurde es Weihnachten. Weihnachten, ein Fest, das bei uns in Deutschland gefeiert wird im Kreise der Familie mit soviel Sentimentalität und Wünschen und Hoffnungen und einer Jahreszeit, die ich noch nie gemocht hatte. Weihnachten in Australien, das ist Hochsommer, 40, 50° im Schatten, ohne Christbaum, ohne „Ihr Kinderlein kommet", „Schneeflöckchen, Weißröckchen". Die Feiertage verbringt man am Strand bei Coca Cola und Eiscreme und dann kommt der 24. Dezember und wir kommen uns erst recht vor als Außenseiter.

Jeder denkt an zu Hause glaube ich, und ich bin froh, daß wir am Abend eingeladen sind bei unseren Nachbarn, der Haus-

nummer 9 in der Francisstreet. Unsere Freundschaft ist erst ein paar Wochen alt, denn das Haus stand leer, die Bewohner waren lange Zeit in Europa. Herbert, ein Österreicher und Daniel, ein Jugoslawe bewohnten als homosexuelles Ehepaar mit einer Selbstverständlichkeit, die es damals nur in Australien gab, das Reihenhaus mit dem herrlichen Sunroom und Blick über ganz Bondi Beach. Beide konnten besser kochen als alle Mütter und Schwiegermütter zusammen und arrangierten für uns ein Weihnachtsfest, das niemals vergessen werden kann. Dazu gehörte ein 2 m Plastikchristbaum aus Japan, ein festlich gedecktes Weihnachtsbuffet, es fehlte nicht die echte österreichische Butterkremtorte und ein 2,50-DM-Plattenspieler lieferte die deutschen Weihnachtslieder.
Auch ich hatte eine kleine Träne im Auge und ertappte mich dabei, an zu Hause zu denken. Zu Hause, das ist meine Stadt, in der ich geboren wurde, in der ich aufwuchs. Die Stadt mit der riesigen Automobilfabrik. Meine Schulzeit, mein Studium als Grafiker, das alles schien mir damals schon so weit zurück.

Nach vergangenen Tagen schreien Grillenflügel,
Flaschenkorken schnalzen laut,
durch die Wände ruft ein Tag,
Tannenzweige in Gedanken,
irgendwer verschläft die Nacht.
Aus den Fenstern wächst die Stille,
Kerzenschein von keinem Baum,
Stimmen eilen, schwanken näher,
durch die Wände ruft ein Tag,
Tannenzweige in Gedanken,
irgendwer verschläft die Nacht.
An der Ecke wird gegessen,
Soße rinnt rot aufs Papier,
Wellen tanzen in den Gläsern,
durch die Wände ruft ein Tag,
Tannenzweige in Gedanken,
irgendwer verschläft die Nacht.

13

An einem Freitag abend sind wir bei Harry und seiner Freundin Mimmi zum Essen eingeladen. Harry schwärmt von den Kochkünsten seiner Freundin und es ist wohl so, daß Mimmi ihm all die deutschen Lieblingsgerichte, die er sich wünscht, kocht. Das kleine Hausmütterchen kennt alle Geschäfte, wo man deutsche Waren bekommen kann und so gibt es zum Nachtisch sogar einen deutschen Guglhupf. Ich paffe wie gewöhnlich eine Maiskolbenpfeife und es entwickelt sich ein sehr nettes Gespräch. Für Chick und mich ist es besonders interessant, als Harry von einem Trip zu erzählen beginnt, als er und Mimmi unterwegs waren, den dichten Urwald der gleich an den Randgebieten Sydneys beginnt, zu erforschen. In dem Gespräch stellte sich heraus, daß sie so eine Urwaldwanderung nur einmal unternommen hatten und es seither nie wiederholten. Harry meinte, es sei wahnsinnig gefährlich und Mimmi stimmte ihm kräftig bei, denn jedes Jahr liest man in den australischen Nachrichten, daß zahlreiche unwissende Buschläufer nie mehr aus dem dunklen Wald herausgefunden haben. Es gibt keine Wege und keine Markierungen, nach denen man sich richten könnte. An diesem Abend hatte ich eine Menge Rotwein getrunken und als Chick mir die Frage stellte: „Was hältst Du davon, morgen früh ist Samstag und eigentlich der richtige Tag, um solch einen Buschwalk zu wagen?“ stimmte ich zu.
Es war gegen 1 Uhr früh, als wir nach Hause liefen, Chick meinte, 5 Stunden Schlaf seien ausreichend und so gegen 5, 6 Uhr könnten wir aufbrechen, mit dem Bus zur Centralstation fahren und von hier aus Richtung *Katoomba*. Dies war auch der Ausgangsort von Mimmi und Harry. Mit meinem vollen Hirn lallte ich „ja, ja, ja“ und legte mich ins Bett. Ich hatte das Gefühl, daß ich gerade erst eingeschlafen war, als Chick an meiner Tür klopfte, „Steh auf Junge, es geht los. Ich habe schon alles gepackt. Wir brechen auf nach Katoomba“. Ich nannte ihn „Idiot“ und „bloody bastard“ und was weiß ich noch alles und schlief weiter, hörte nur noch, daß er sagte: „Dann fahr ich eben allein“ und er verließ beleidigt und zor-

nig unser Haus.
Als Traudl beim Frühstück nach Chick fragte, wurde mir erst wieder klar und ich erinnerte mich an das kleine Gespräch am frühen Morgen. „Mein Gott, der ist wirklich alleine losgezogen in den dichten Urwald“. Den ganzen Tag machten wir uns Gedanken, Gedanken über den Freund, den Dickkopf, der vielleicht nicht mehr zurückfindet. Es war wieder 1 Uhr früh, als ein freudestrahlender Chick in der Tür stand und wir waren erleichtert. Ich schlug ihm freundschaftlich auf den Rücken und sagte: „Menschenskinder, wo kommst Du denn jetzt her?“ Und das erste Wort, für ihn typische Wort war „Sagenhaft. Einfach Sagenhaft. Ich kann Dir überhaupt nicht erzählen, was es alles zu sehen und zu hören gibt. Der ganze Urwald kreischt. Du hast das Gefühl, als wenn tausend Vögel gleichzeitig losschreien. Bunte Papageien, Kakadus und der Kookaburra der ‚lachende Hans‘. Er ist am allerschlimmsten. Er gibt Töne von sich wie ein kleines Kind, Du mußt es einfach erleben. Traudl sagte gleich, daß sie überhaupt kein Interesse hätte, dort mit hinzugehen. „Hast Du Schlangen gesehen?“war die nächste Frage. „Ja, es gibt dort Schlangen und Du mußt furchtbar aufpassen wegen der riesigen Spinnen, die es im dichten Unterholz gibt. Nicht nur einmal bin ich in ein solches Spinnengewebe gelatscht, ohne daß ich es gesehen habe“. Ich flüsterte ihm ins Ohr „erzähl nicht so viel, sonst ängstigt sich Traudl, am nächsten Wochende will ich mit. Du kennst schon etwas den Weg und wenn Du alleine wieder herausgefunden hast, so werden wir es auch zu zweit schaffen“. Das nächste Wochenende konnte ich kaum erwarten und auch Chick war unruhig. Er wollte mir das Gesehene zeigen. Wie kleine Kinder freuten wir uns auf den Samstag. Wir machten uns keine Sorgen wegen des Schuhwerks, trafen auch keine großen Vorbereitungen, etwa Brote oder Tee oder Kaffee wurden nicht vorher eingepackt. Ein paar Sandwichs aus der Untergrundbahn, hier gab es zahlreiche Sandwichshops und eine Flasche Wasser sollten genügen. Nur Parka hatten wir angezogen, denn es ist morgens um 6 Uhr empfindlich kühl.
Die Fahrt mit dem Zug kam mir endlos lange vor und ich

glaube, wir fuhren beinahe $1^1/_2$ Stunden oder sogar noch länger, um nach Katoomba zu gelangen. Die Bahnstation ist hier lustig klein und direkt hinter den Gleisen fängt der dichte Wald schon an. Wir machten es wie kleine Buben, die Räuber und Gendarm spielen und schlüpften hinter dem kleinen Bahnhäuschen direkt in den Wald und wirklich, es gab keinen Weg, auf dem wir sicher hätten gehen können. Der fehlte uns auch eigentlich gar nicht, wir wollten ja durch den Wald, richtig durch den dichten Wald laufen. Hier gab es Lianen und ich sah schon die ersten Papageien, sah die ersten bunten Vögel von Baum zu Baum flattern und der „lachende Hans" ließ mit seinem Gekreische nicht lange auf sich warten. Wir trugen immer noch unsere Parka, denn es war wirklich recht kühl, aber die Sonne stach schon durch die hohen Baumwipfel und es war ein phantastisches Licht. Es ist ein Gegenlicht, das man sieht, das wie große Scheinwerfer durch die dichten Bäume scheint. In diesem Gegenlicht erkennt man jedes Insekt und auch jede der großen Spinngewebe. Es sind wirklich erschreckend große Spinnen, die man hier früh morgens noch gut erkennen kann ... Rotrückenspinne, Goldfieldspinne usw. ...

Ich dachte an die Buschräuber, das waren große Banden, die hier die wohl angrenzenden Straßen vor über hundert Jahren unsicher gemacht hatten. Es waren verwegene Burschen, die Tod und Teufel nicht fürchteten. Die meisten dieser Kerle waren bei den kleinen Farmern sehr beliebt, weil sie nur die reichen Viehzüchter ausplünderten und die armen Pächter ungeschoren ließen. Postkutschen und Banken waren vor ihnen nicht sicher und dabei ging es nicht immer sehr zart zu. Es gibt eine Geschichte, daß einmal eine schwer bewachte Postkutsche auf einer einsamen Bergstraße angegriffen wurde und da sich die Männer erbittert verteidigten, erschoß man sie. Gerade als der letzte Mann der Bewacher eine Kugel bekommen sollte, entdeckte man in der Kutsche eine junge Dame. Sofort stellten die Räuber das Feuer ein. Der Mann wurde am Leben gelassen und unter der Bedingung frei, die Dame sicher nach Hause zu fahren.

Es gibt sogar einen Felsen, den man Govers Leap getauft hatte. Dieser Gover war einer der gefürchtetsten Buschräuber der blauen Berge. Überall tauchte er auf, überfiel Goldtransporte und reisende Viehzüchter. Doch wenn die Polizei zuschlagen wollte, war er verschwunden. An einem steilen Fels wurde er schließlich von einer Übermacht der Buschrangers gestellt. Als er keinen Ausweg mehr sah, gab er seinem Pferd einen freundschaftlichen Schlag auf den Nacken und sprang in den Abgrund. Pferd und Reiter zerschmetterten.

Und dann gibt es noch die Jenolan-Höhlen. Es sind riesige Tropfsteingrotten, eine schöner als die andere. Sie wurden durch einige entlaufene Sträflinge entdeckt, die hier ihr Hauptquartier einrichteten. Jahrzehntelang konnte man auch diese Banden nicht erwischen. Immer wenn die Polizei glaubte, die Banditen gestellt zu haben, waren sie wie vom Erdboden verschluckt. Den Eingang der Höhle fand man nicht, so sehr man auch suchte. Durch einen Hund, den man in den Felsspalten verschwinden sah, kam man den Buschräubern auf die Spur. Keiner wagte es, in dem Labyrinth der Grotten sich auf einen Kampf einzulassen. Ein Buschranger kam auf die Idee, die Bande auszuräuchern und so stach auch der Rauch den Räubern in die Nase, aber sie kannten einen zweiten Ausgang, durch den sie mitsamt ihren Schätzen entkamen.

Chick und ich hatten keine Karte dabei und wir wußten auch nicht, wie weit es zu den Höhlen oder zu dem Fels sei, als wir unterwegs waren durch den dichten Wald. Seltsame Bäume gibts hier unten. Sie sehen aus wie Farnkraut, aber sie haben einen Stamm und sind 8 und 10 m hoch. Es sind Baumfarne. Sie gibt es in Neusüdwales und Victoria in verschiedenen Arten. In den Eukalyptusbäumen müßte es doch auch Koalas geben, diese kleinen putzigen Bären, die einen immer an den Teddybär erinnern, den wir wohl alle als Kinder einmal geschenkt bekommen haben. Aber von den Koalas sehen wir genauso wenige wie etwa Känguruhs, die es auch in 60 verschiedenen Arten gibt.

Nun schauen wir schon lange nicht mehr nach den giftigen Spinnen oder nach den Schlangen, die uns gefährlich werden könnten, denn wir sind müde geworden. Die Sonne scheint mit aller Kraft auf den dampfenden Wald hernieder und das Wenige, was wir als Verpflegung dabei haben, ist schon längst gegessen und getrunken. Ich beginne zu fluchen, da ich nicht glaube, daß Chick den Weg hier schon vor einer Woche gelaufen ist. Er erzählt mir immer wieder, „es kann gar nicht mehr lange dauern und wir kommen an einem breiten Fluß vorbei, auf dem ich wunderschöne Vögel gesehen habe". Ich vermute, daß es Reiher waren, von denen er mir erzählt, doch der Fluß ist weit und breit nicht zu sehen und es geht nun schon 4 Stunden lang, immer dasselbe Gekreische und immer die gleichen dichten Bäume und man kann kaum 5 m weit sehen, so dicht ist die Wand von lianenbewachsenem Baumwerk.

Tatsächlich, wie vom Himmel gefallen, nach einem Knick den der Dschungelpfad macht, stehen wir auf einmal vor einem gar nicht so kleinen Bach und es sind auch die Vögel da, von denen mir Chick erzählt hat. Nymphensittiche, Scharlachflügel, Reiher usw. Ich hätte beinahe „hurra" geschrien als wir den Fluß erreicht hatten, denn nach Chicks Erzählungen sollte es gar nicht mehr lange dauern und eine kleine Bahnstation hatte er das letzte Mal, am vergangenen Samstag, als er hier durch den dichten Urwald spazierte, erreicht. Doch es dauerte nochmal über eine Stunde und es war keine Bahnstation sondern ein Pfahlbau, der in den Fluß gebaut war. An dem Haus waren sogar Schilder angebracht von mir bekannten australischen Getränkefirmen, und in solch einem Moment wird man beinahe verrückt. Wir hatten wirklich Durst und Hunger und schon vor Stunden das Letzte gegessen. Die Vögel hatten uns fast zum Wahnsinn getrieben mit ihrem Gekreische und kein Mensch war uns die ganze Zeit begegnet.

Und nun hier auf einmal wie aus heiterem Himmel ein Holzhaus, das man von vorne, vom Weg her erreichen kann und das auf Pfählen steht, mit einem kleinen Bootssteg und Schildern australischer Getränkefirmen. Das ist ja Wahnsinn. Wir wollten die Tür öffnen, doch sie war verschlossen. Das Haus hatte Fenster, natürlich wie überall mit Moskitodraht geschützt. Im Innern des Hauses war es dunkel und ich begann zu rufen und schon nach kurzer Zeit hörte ich eine Stimme einer alten Frau aus dem Innern antworten: „Ja bitte, wer ist da?“ und gleichzeitig sah ich ein uraltes weises zerfurchtes Gesicht mit unheimlichen Augen tief in den Augenhöhlen. So muß ein Geist, ein Gespenst aussehen und es hatte auf mich die gleiche Wirkung. Ich war furchtbar erschrocken und konnte mich nicht vom Fleck weg bewegen. Das Geistergesicht kam näher und tatsächlich, es war eine sehr, sehr alte Frau, die hier, wie sich herausstellte, allein lebte. Und ich bekam Mut und fragte die alte Frau, ob wir etwas von ihren Getränken kaufen könnten.

Ein wirklich irres Lachen war die Antwort. „Wie lange ist es her, daß wir hier Getränke verkauften. Als mein Mann noch lebte, vor 15 Jahren, kamen hier oft Buschläufer vorbei. Es gab eine Zeit, da kamen jedes Wochende Familien zum Picknick hierher, aber damals hatte man einen Weg durch den wuchernden Wald geschlagen.“ Ein versponnener Australier, der Mann der alten Frau, hatte ein Holzhaus gebaut und auf die Sonntagsausflügler gewartet, die mit ihrer Familie und Freunden und Bekannten den Ort wohl als Ausflugsziel gerne aufsuchen. „So war's, nichts mit Getränken, doch ich kann euch ein Glas geben“, meinte die nun schon freundliche alte Dame „und mit dem Glas könnt ihr aus dem Wassertank ein paar Schlucke herausschöpfen.“

Och, damit bin ich schon zufrieden, dachte ich mir und nahm dankend das Glas, stieg die Leiter hoch zu dem Wassertank und begann, darin herumzuschöpfen und wollte gerade einen kräftigen Schluck nehmen, als ich die Flöhe blitzschnell in dem trüben Nass herumschwirren sah. Wasserflöhe – pfui Teufel! Das kann doch kein Mensch trinken. „Warum nicht“, sagte Chick, nahm mir das Glas ab und schon hatte er die Brühe gesoffen. – Zwei, drei, vier, fünf, mein Gott, ich glaube, 10 Gläser mit Wasserflöhen hat mein Freund zu sich genommen. Er grinste und klopfte mir auf die Schulter und meinte: „alter Freund, wenn Du in diesem Land überleben willst, mußt Du wohl auch ein paar Flöhe im Wasser verkraften können“.

Wir stolperten weiter durch den Urwald. Es wurde später

Nachmittag und wir hatten immer noch keine Aussicht auf einen Ausgang aus diesem Dickicht, aus diesem dichtverschlungenen, dampfenden Treibhaus. Das war es: Treibhausklima. Brütende Hitze, kreischende Vögel und eine erbarmungslose goldene Sonne am Himmel. Nun kamen wir in ein kleines Tal. Eine große verfilzte Wiese und ein paar kleine Felsen waren zu sehen. Wir gingen auf die Felsen zu, setzten uns darauf und es war ein Gefühl, als ob man sich auf ein paar Warmhalteplatten setzt, die in Restaurants verwandt werden zum Anwärmen und Warmhalten der Teller. Das ist besser, als sich in das Gras zu setzen, wo man nicht weiß, ob doch Schlangen oder Spinnen angreifen und die Folgen sind nicht abzusehen. Ich schaute auf die Uhr und stellte fest, daß es schon nach 4 Uhr ist.
In diesem Moment schreckte ich auf durch ein Gekreische, das von über uns herkommt und sehe noch, wie drei schwarze Vögel auf uns herniederschießen. Auch Chick hat das festgestellt und wir sind im nächsten Moment unterwegs zum nahen Waldrand um uns hier hinter den Bäumen zu verstecken und zu schützen. Tatsächlich haben uns in diesem Moment drei Magpies angegriffen. Ich weiß nicht, was die Vögel veranlaßte uns anzugreifen, ob es das Blinken der Armbanduhr war oder welche Ursache sie dazu veranlaßt hat. Auf jeden Fall hatten wir einen anderen Weg, eine andere Richtung eingeschlagen und schon nach wenigen Minuten wollte es der Zufall, daß wir auf Bahngleise stießen. Eine verrückte Erklärung wäre es zu behaupten, die Vögel hätten uns den Weg, die Richtung aus dem Urwald gezeigt.
Am Wasser bei der alten unheimlichen Frau hatten wir riesig große Schilfrohre gesehen und zwei Stück mitgenommen. Wir wollten sie Traudl schenken und ich konnte mir vorstellen, daß sie im Wohnzimmer ganz hübsch aussehen mochten. Nun, auf der kleinen Bahnstation angelangt, auf der wir uns umsonst um Fahrkarten bemühten, denn es gab keinen Schaffner, der uns welche verkaufen konnte, standen wir mit unseren 2,5 m langen Schilfrohren. Es kam ein Zug und tatsächlich, es war auch der richtige nach Sydney Centralstation. Etwas beschwerlich war es, die langen, unhandlichen

Dinger ins Abteil zu bugsieren und hier saßen ein paar Australier, die sich über uns amüsierten. „Jungs, wo kommt ihr her, wart ihr im Urwald? Habt ihr die Dinger da mit geschleppt?“ „Ja, wir kommen direkt aus dem Urwald. Mein Gott, es ist wirklich unheimlich in dem dunklen, heißen, dampfenden Dschungel.“ Ein paar Worte hin und her und natürlich merkten die Leute, daß wir keine Australier waren. So verging die Zeit und wir hörten uns einige Geschichten an. Ein alter Australier erzählte, daß irgend jemand einmal aus Mexiko Stachelbirnen nach Australien brachte, um seinen Vorgarten zu verschönern. Stachelbirnen so nennt man hier eine Kakteenart. Diese Kakteen gediehen prächtig, viel zu prächtig, denn sie wucherten mit einer unheimlichen Geschwindigkeit, überzogen fruchtbares Ackerland und weite Flächen der Savanne mit einem dichten, stacheligen Gestrüpp. Dagegen half kein Mittel. Auch nützte es nichts, die Stauden abzuschlagen oder auszugraben, geschweige denn das Abbrennen. Die abgeschlagenen Pflanzen setzten neue Triebe an und nach kurzer Zeit war das Gestrüpp noch dichter als zuvor. Als die Plage übermächtig wurde und die Farmer verzweifelte Briefe an die Regierung schrieben, schickte man einige australische Wissenschaftler nach Mexiko. Es war seltsam, denn in ihrem Heimatland wucherten die Stachelbirnen lange nicht so stark wie in Australien und man fand auch die Ursache. In Mexiko gibt es ein winziges Insekt, dessen Larven die Kakteen noch schneller auffressen, als neue Triebe wachsen können. Dieses Insekt holte man schleunigst über den großen Teil und setzte es an den gedeckten Tisch, d. h. auf die Stachelbirnenstauden. Überraschend war der Erfolg. Was der Mensch in all seiner Anstrengung nicht vermochte, das gelang den Milliarden kleiner Larven. Es dauerte einige Jahre, doch die Plage ging zurück und heute sind große Gebiete wieder völlig von den stacheligen Plagegeistern befreit.

Oh je, nun fiel uns ein, wir hatten ja gar keine Fahrkarte und die Kontrollen sind in Australien genauso pingelig wie in England. Die Railway hat genug Personal eingestellt und an den Ausgängen stehen doppelte Kontrollen. Was können wir machen? Mit unserem blödsinnig wirkenden Weidenrohr kommen wir dem Ausgang immer näher. Hier strömen zwar hunderte von Menschen durch den Ausgang, doch es wird jeder einzelne kontrolliert. Ein jeder muß seine Karte abgeben. Entweder wird sie gelocht, als Return-Karte, oder als Single-Karte weggeschmissen. Wir haben kein solches rotes Ticket und ich nehme Chick zur Seite und sage zu ihm: „Es gibt nur zwei Möglichkeiten, entweder wir müssen nachzahlen und das glaubt uns keiner, wenn wir sagen, wir kommen aus Katoomba. Irgendeine Strafe müssen wir doch bezahlen. Die zweite Möglichkeit wäre, wenn Du voran gehst mit dem scheißlangen Weidending und sagst zu dem Kontrolleur ‚hier mein Kumpel, der hinter mir kommt, hat beide Karten'." So praktizierten wir es auch. Chick ging voran, der Kontrolleur hielt ihn fest „Halt, Fahrkarten vorzeigen". „Die hat mein Kumpel, hier hinter mir". Ich hatte wärenddessen die Hinfahrttickets aus meiner Hosentasche genommen, drückte dem Mann die zwei Karten in die Hand und schon in diesem Moment begannen wir zu laufen wie die Hasen. Der eine nach rechts, der andere nach links, falls wir doch gefaßt wurden,dann nicht beide zusammen. Einer hatte immer noch die Möglichkeit, davon zu kommen, so kalkulierten wir. Wir rasten eine Treppe nach oben. Ich kam auf der Straße an und mir entgegen kam ein hechelnder Chick. Er wollte schon wieder die Treppe nach unten donnern und wäre den Bahnpolizisten in die Hände gelaufen. Kehrtwendung – die Straße hoch bis zum Busstop – keiner verfolgte uns. Hier schlugen wir uns wieder auf die Schultern und schon kam der rote Doppeldekker.

Mit dem über 2 m langen Weidenrohr erregten wir das größte Aufsehen. Aber wir hatten keine Lust mehr, waren müde von dem langen Trip und setzten uns ganz nach oben, von wo aus wir die Stadt, die Geschäftshäuser und das immer noch späte Treiben am späten Nachmittag beobachten konnten. Oh je, was wird Traudl sagen, ich glaube nicht, daß wir sie mit dem Mitbringsel beruhigen können. Sicher hat sie sich Sorgen gemacht und sie ist ja keine Australierin sondern Deutsche und nicht hier in diesem Kontinent aufgewachsen.

14

Die Australierin ist den Männern keineswegs gleichberechtigt. Sie hat es noch schwerer als die Frauen in Europa oder in Amerika. Erst ganz allmählich gelingt es ihr, sich von den Fesseln der übermächtigen Vergangenheit zu befreien und ihrer Gleichberechtigung Schritt für Schritt näher zu kommen. So waren doch auch die ersten weiblichen Einwanderer Sträflinge. Ihre Freiheit konnten sie durch die Heirat mit einem Offizier oder einem Soldaten oder Farmer bekommen. Doch diese Freiheit bedeutete nicht mehr als Leibeigenschaft. So sind die heute regierenden Parteien Australiens immer noch reine Männerparteien. Als einzige Ausnahme hat der Premierminister Gough Whitlam eine Ausnahme gemacht. Er engagierte eine Beraterin für Frauenfragen, doch die Ziele der Frauen sind in diesem konservativen Land noch in weiter Ferne.

Wie wirkten auf uns die Frauen Australiens? Würde man mich danach fragen, so müßte ich als erstes die auffallende Omi nennen, die hier ohne Komplexe ihr Gesicht so stark pudert, daß man auch die tiefsten Rillen und Runzeln nicht mehr erkennen kann. Zarte rosa Bäckchen sind dann nach so einer Prozedur das Ergebnis. Die Haare werden in den unmöglichsten Tönen gefärbt, das reicht vom grellen blau bis hin zum undefinierbaren rot. Als Gegensatz möchte ich das junge Mädchen im winzigen Bikini nennen. Mit langem, weißblondem, sonnengebleichtem Haar, sehr schlank, sehr braun, den ganzen Tag am Strand, das Mädchen eines Surfers. Sie gehört zu Australiens Wellenreiterkultur. Diese süßen Knackies absolvieren die Tauchschule, werden wohl später einer Frauenbewegung beitreten, stangenweise Zigaretten rauchen, die erhältlichen Verhütungsmittel schlucken und nicht verstehen, daß die Frau nicht den gleichen Lohn erhält wie der Mann.

Dann gibt es da noch die alleingelassenen Muttis, die etwas frischer aussehen als die schon genannten Omis, gleiche Haare, gleiche Puderbäckchen (Die Ehemänner treffen sich im

Pub, mit den Kumpanen den halben Lohn versaufend); mit dem immer zu geringen Haushaltsgeld haben sie die Kinder zu versorgen und das Heim zu hüten. Draußen im Outback auf den Farmen da gibt es schon Frauen, die man Herrscherinnen nennen kann, Herrscherinnen über 5000 Quadratmeilen und 50 000 Stück Vieh. Da werden täglich Unmengen Essen zubereitet für die Familie und die Stockmen. Über hunderte von Kilometer hinweg wird frisches Obst, Gemüse und Lebensmittel bestellt und durch Flugzeuge herbeigebracht. Diese Frau wirkt als Krankenpflegerin und notfalls sogar als Ärztin, wobei sie sich mit dem Doktor am anderen Ende der drahtlosen Sprechverbindung berät. Die Kinder werden unterrichtet und mit Hilfe der Rundfunkschule geht das gar nicht so schlecht.
Unser Bus erklimmt den kleinen Berg, der vor Bondi Beach ansteigt, rollt auf seiner Rückseite hinunter und wir halten am ersten Busstop in Bondi. An der Ecke Bondiroad-Francisstreet hat ein Grieche einen Hamburgershop und wir beschließen, 2, 3 Hamburger zu essen, bevor wir nach Hause gehen. Schlimmer kann es auch nicht mehr werden und die paar Minuten machen bestimmt nichts aus und mit vollem Magen läßt sich eine Gardinenpredigt viel besser verkraften. Ein guter Hamburger zählt in Australien beinahe schon zu den Delikatessen, denn es gibt in ganz Sydney nur eine handvoll Lokale, die den Vergleich mit unserer Gastronomie standhalten könnten. Zum Abschluß noch eine Büchse Cola und ich habe das Gefühl, wieder etwas getan zu haben für ein ordentliches Magengeschwür. Kaum sind wir zu Hause angekommen, beginnen wir auch schon zu erzählen. Die Zeit vergeht, denn es war ein langer Tag und wir können eine ganze Menge berichten und als ich schon in meinem Bett liege, fällt mir ein, daß Traudl kein Wort wegen unseres allzu langen Wegbleibens gesagt hat. Sicher war auch sie beeindruckt von all den vielen Dingen, die wir berichteten und die wir wirklich erlebt hatten. In Gedanken kehrten wir immer wieder zurück in die dichten Wälder und in unseren Köpfen begann sich der Wunsch breit zu machen, mehr von diesem Land zu sehen.

15

Mit unserem Leben, mit unserer Arbeit waren wir mehr oder
weniger zufrieden, und so planten wir einen Trip, am besten
gleich rund um Australien. Rund um Australien, das hieße,
von Sydney nach New Castle, von New Castle nach Tuwum-
ba, vielleicht nach Brisbane oder gleich hoch nach Mount Isa,
Katherine, Darwin, die Stadt ganz oben im Norden, zurück
nach Alice Springs, mitten in Australien, zum Ayers Rock,
dem roten Monolith, von dem wir schon so viel gehört hat-
ten, über Oodnadatta, Coober Pedy vorbei nach Adelaide,
Melbourne und dann wären wir wieder in Sydney. So könnte
ein Trip aussehen und das wäre noch nicht einmal um ganz
Australien, sondern nur die Hälfte. Wie besessen planen wir.
Durch Bücher und Landkarten beginnen wir, uns ein Bild zu
machen und so wissen wir schon, daß im Osten sich Höhen-
züge befinden, die Australischen Alpen, die Blauen Berge. Der
höchste Berg ist der Mount Townsend mit 2240 m. Auch der
größte Fluß dieses Erdteils, der Murray Darling entspringt in
den östlichen Bergen. Den Westen durchziehen riesige Wü-
sten. In der Trockenzeit bilden die abflußlosen Seen Salz-
pfannen von gigantischen Ausmaßen. Es herrscht hier ausge-
sprochenes Binnenlandklima mit sehr heißen Sommern.
Durch seine mächtigen Schafherden ist Australien das wich-
tigste Woll-Land der Erde. An Bodenschätzen findet man
Gold, Silber, Blei, Kupfer, Zinn, Eisen und Steinkohle.
Doch mein größter Wunsch war das Kennenlernen der Ein-
geborenen, der Aborigines. Diese Menschen wurden 150
Jahre lang ignoriert und in die Wüsten zurückgedrängt.
Heute stehen sie entwurzelt auf der untersten Stufe der aus-
tralischen Sozialstruktur und findet ein Aboriginal einmal
Arbeit, so wird er ganz bestimmt unterbezahlt. Das nomadi-
sierende Jägervolk hat seine kulturelle Tradition verloren und
die alte Lebensweise läßt sich heute nicht mehr fortführen. So
schuf sich Australien selbst seine Wohlfahrtsempfänger. Man
möchte es herausschreien und demjenigen, der es nicht glaubt
ins Bewußtsein hineinhämmern: diese Eingeborenen reprä-

sentieren eine frühe Kulturstufe der Menschheit. Nur noch winzige Gruppen wandern als nomadisierende Jäger durch den Busch. Missionsstationen und verwahrloste Gettos in den Vororten der Großstädte, wie etwa La Parouse in Sydney, das ist die armselige Welt der Aborigines heute. So ist es nicht erstaunlich, daß dieses entwurzelte Volk eine große Zahl von Kriminellen und Alkoholikern hervorbringt. Ihre Kindersterblichkeit ist hoch und die australische Regierung übt keinen großen Druck aus, daß die Schule von den kleinen Aborigines besucht wird. Wieviele Regierungen sich noch mit dem Problem der entrechteten Minderheit abgeben müssen, läßt sich schwer sagen. Noch keine der bisherigen hat eine akzeptable Lösung gefunden. Man kann das Problem eigentlich mit einem Satz definieren: Der durchschnittliche weiße Australier verachtet einfach diese Menschengruppe und für ihn stellt sich gar nicht die Frage der Aborigines, denn er sieht sie schlicht nicht als Menschen an.
Diese als Jäger und Sammler im Busch lebende Menschenrasse hat eine etwa 30 000 Jahre alte Kultur in unsere Zeit herübergerettet. Nirgendwo auf der Welt läßt sich ein solcher Entwicklungsstand – noch wirklich gelebt – beobachten. Es ist nicht übertrieben, wenn man behauptet, daß heute auf einen im Busch lebenden Eingeborenen ein oder mehrere Wissenschaftler kommen, die sich mit dem Leben dieses Eingeborenen beschäftigen und versuchen, seine Existenz und seine Geschichte, sein Weltbild in die europäische wissenschaftliche Terminologie einzubringen, sein Verhalten festzuhalten, zu forschen wie Konrad Lorenz bei seinen Graugänsen. Für die weißen Australier sind die Abos dumm und faul, weil sie nicht lernten zu schreiben und zu lesen. Doch wie unzureichend mögen die Erziehungsversuche der Missionsschulen wohl gewesen sein, den armen Schwarzen das Schreiben, Lesen und Zählen beizubringen. Wie die Pygmäen Afrikas hatten auch die Aborigines eine Begabung, mit der Zahl anders fertig zu werden als durch zählen. Das Nomadenvolk hat eine Fähigkeit, die heißt, in der Wüste zu leben und zu existieren. Dazu muß man Fährten lesen können, denn eine Spur im roten Sand, das heißt Fleisch, Eiweiß, das heißt den Hunger be-

siegen. Wer jemals in seinem Leben in einer Wüste war, nur der kann sich vorstellen, wie man hier eine Spur verfolgen kann, in der mörderischen Hitze seinen Weg findet; da gibt es keine Straßenschilder, keine Geschäfte, keine Hochhäuser, an denen man sich orientieren kann. Es erscheint eine Fläche, eine riesige rote Wüstenfläche, aus der wir weißen, ungeschulten, verwöhnten Menschen des 20. Jahrhunderts niemals herausfinden würden. Die schwarzen Cowboys, Aborigines die eine Stellung gefunden haben, die ihnen wohl noch am besten gefällt, begleiten die riesigen Viehherden ohne ein Stück zu verlieren. Ohne zählen zu können übersehen sie trotzdem mit einem Blick, ob eines der Tiere fehlt. Sie lesen in den Spuren der Tiere und stellen sofort fest, daß ein eingeprägtes Bild einer Trittspur nicht mehr dabei ist. Es fällt ihnen leicht, dem Tier zu folgen, es einzufangen und zur Herde zurückzutreiben. Die Aborigines vor 30 000 Jahren waren gezwungen mit diesem rauhen, harten Land fertigzuwerden. Dementsprechend paßten sie ihre Lebensformen an.

Waren das damals primitive Halbtiere und sind die noch wenigen nomadisierenden Stämme primitive Wilde? Ich behaupte, die Aborigines haben sich geradezu traumhaft angepaßt. Ihre Art, mit der Umwelt zurechtfinden, ist eigentlich bewundernswert. Dazu gehört eine ganz besondere Kenntnis der Natur und diese Jäger und Sammler fanden alles, was sie zum Leben brauchten. Primitives Holz- und Steinwerkzeug genügte ihnen zum Jagen und zum Zubereiten des Erjagten. Wer Australien kennt, weiß, wie selten die Pflanzen und Tiere zu finden sind auf den gewaltigen Flächen. Genauso selten sind die Wasservorkommen. Wie weise müssen die alten Stammesführer gewesen sein, die es fertigbrachten, ihr Volk bis zum heutigen Tage zu erhalten. Die Aborigines unterscheiden sich durch 300 verschiedene Sprachen. Man weiß, daß jeder Aboriginal mindestens 3 verschiedene Sprachen beherrschte.

Es gibt sogenannte Stammestreffen, die den Kontakt der Eingeborenen untereinander festigen. Bei diesen Festen wird mit Gebrauchs- und Zerimonalgegenständen gehandelt und Tänze und Gesänge werden vorgeführt. So übertragen sich

Geschichten und Tänze von einer Generation auf die andere. Da wird nicht alles verstanden, was man hört und sieht, doch sind die meisten Tänze religiösen Ursprungs, außerdem Äußerungen einer eigenen Religion, die wohl auch durch das harte Land geschaffen wurde.
Die Aborigines glauben nicht an einen abstrakten Gott. Es war wohl eine unnötige Mühe der Missionare, die versuchten, den Austral-Negern den Messias zu bringen. Hätten die Missionare ein Talent gehabt, den Aborigines unsere Religion, den Inhalt, vorzutanzen (so könnte ich mir vorstellen), wären sie weit erfolgreicher gewesen. Die Götter der glutäugigen Australier sind wie in anderen Kulturen, z. B. Afrikas, ihre Vorfahren. Sie begegnen ihnen ständig, etwa als Mensch oder Tier. So findet man Kultstätten über das ganze Land verstreut. Jeder Berg, jeder Stein hat seine mythische Bedeutung und auch die Wasser haben ihre eigene Geschichte.

16

Es war ein Tag, an dem ich wirklich keine Lust hatte, zu arbeiten. Die Sonne schien und ich hörte, als ich aus dem Hause trat, das Rauschen der Wellen. Ein verführerischer Klang, den man sofort mit Baden und Am-Strand-liegen und Faulenzen verbinden kann. Um auf die Straße zu gelangen, mußte ich erst sechs Stufen nach oben laufen und ein kleines Gartentor öffnen. Als ich dies gerade tun wollte, sah ich ein kleines Kätzchen direkt hinter der schwingenden Tür sitzen. Ein grau-weiß gestreiftes Ding, gerade 10–12 Wochen alt, schätzte ich. Wohin mag sie wohl gehören? Doch Katzen haben es an sich, auf solche Fragen keine Antwort zu geben. Auf die 2. Frage „magst Du gerne ins Haus gehen?“ kam ein zartes „Miau“ von dem putzigen Tierchen und ich wertete es schon als Antwort, öffnete die Haustür nochmals und schon war der kleine Wicht im Innern des kühlen Flurs verschwunden.
Nun hatte ich einen Grund, nicht zur Arbeit zu gehen, denn den neuen Hausbewohner konnte ich ja schlecht alleine las-

sen. Zuerst setzte ich die kleine Mieze einmal auf unser Bett und die wuschlige Tagesdecke hatte es ihr auch sofort angetan. Sofort wurden Fäden aus dem Stoff gezupft, und es entstanden dabei Falten, die dem kleinen Tierchen vielleicht wie richtige Hügel vorkamen. Auf unserem Bett entstand eine Kraterlandschaft und ich dachte, so ähnlich sind die ersten Astronauten auf dem Mond herummarschiert. Wenn ich noch lange so vor mich hinspinne, wird die kleine Mieze zum Astronauten und ich vielleicht zum Mann im Mond! Mein Großvater hätte gesagt, beim Arbeiten bekommt man keine schlechten Gedanken. Ich hatte keine Lust dazu, an diesem Tage und als Katzenbesitzer kann man doch nicht so einfach auf die Arbeit rennen, gibt es doch wichtigere Dinge zu tun, z. B. in den Sunroom gehen, aus dem Silberpapier der Zigarettenschachtel kleine Kügelchen rollen und ein Spiel beginnen, das Katzen, glaube ich, spielen würden, bis sie vor Erschöpfung umfallen. Meine kleine Mieze konnte nicht aufhören damit. Unentwegt jagte sie der silbern glänzenden Folienkugel nach und schlug auf sie ein mit dem instinktiven Mäusecatchergriff, als gälte es, ganze Heerscharen eingebildeter Mäuse zu töten. Hörte ich einmal auf, mit ihr zu spielen, ließ sie mir keine Ruhe, sprang auf mir herum, wie auf einem Trampolin und dachte wohl „auf, auf, altes Walroß, wenn Du kein Geld verdienen willst mit anständiger Arbeit, dann wirf wenigstens ab und zu mal die kleine Kugel, so daß ich was zu tun hab". Solche oder ähnliche Gedanken mußte das kleine Wesen wohl gehabt haben, als es unser Zuhause für sich auch als Domizil aussuchte. So verging der Vormittag mit meiner neuen Freundin, verflog geradezu die Zeit.

Da ich ein Gewohnheitsmensch bin, bekomme ich regelmäßig zur gleichen Zeit ein Hungergefühl. So auch an diesem Tag. Es war kurz vor 12 und ich beschloß, beim Griechen an der Ecke einen Hamburger zu essen. Danach hatte ich vor, zum Strand zu gehen, der ja nur vom Hamburgershop über die Straße entfernt war. Die Cliquen der Surfer waren den ganzen Tag über anzutreffen und ich hoffte, ein paar Bekannte zu treffen, mit denen ich etwas reden konnte. Mit ein paar Bekannten Bodysurfen, dazu hatte ich heute riesig Lust.

Was wird die kleine Katze wohl in dieser Zeit anfangen? Irgendwo muß sie ja auch ihr Geschäft verrichten und ich hatte die nötigen Utensilien natürlich nicht zu Hause. Ich hatte auch keine Lust, irgendwelche Plastikwannen aufzustellen, Katzenstreu oder Zeitungen ständig zu wechseln. Der Gestank im Haus ist ja keine angenehme Sache. Der 2. Punkt sind die anderen Mitbewohner unserer Klinkerhütte. Was werden die sagen, wenn unerwartet nun eine kleine Katze im Hause herumrast? Doch ist man einmal dem Charme solch einer schlitzäugigen schnurrenden Schmusekatze verfallen, so würde man wohl stundenlange phantastische Verteidigungsreden gegen ein ganzes Volk, wenn es sein muß, auf dem Speakers-Corner in London halten. Man darf gar keine Argumente dagegen aufkommen lassen. Das beste ist es, vorzubeugen. Das heißt also: kein Klo, die Katze geht raus, wenn sie muß! Doch die Tür oder ein Fenster kann nicht offen bleiben. Die Lösung ist ein kleines Loch in der Tür zum Garten. Mit dem Fuchsschwanz ist das ruck-zuck gemacht. So hat die Katze ihre Freiheit und ich meine Ruhe, glaubte ich. Ich pfiff ein Liedchen vor mich hin, verließ zum 2. Mal das Haus, freute mich auf meinen Hamburger und das anschließende Bodysurfen, das war ein Tag so richtig nach meinem Geschmack.
„Hey maid, how're you going to day"? „Not bad". So begrüßten mich meine Freunde am Strand. Als ich das Wort „maid" das erste Mal hörte, dachte ich, von was für einer Maid reden die denn nur immerzu? Seh ich denn aus wie eine Maid? Dabei mußte ich immer an eine Frau oder ein Mädchen im Dirndl denken. Wie kommt denn das Wort nach Australien? „Hallo, Maid, wie geht es Dir?" Bis ich erfuhr, daß dieses Wort unter Männern für Freund galt. Das englische Wort „fellow" hört man recht selten, aber dafür um so mehr das erwähnte maid. Also, heut geht mir's gut, ich hab keine Lust zu arbeiten und hab vor, den Nachmittag am Strand zu verbringen mit Faulenzen und Bodysurfen. Als Bodysurfen bezeichnet man das Wellenreiten ohne Surfbrett, wobei mit dem Oberkörper die Wellen, Kopf vor, hinuntergeschlittert wird und wenn man eine große Welle bekommt, kann man

nicht selten weit draußen vom Meer bis an den Strand zurückgespült werden.
Dies ist nicht ungefährlich, erfordert eine beachtliche Geschicklichkeit, eine Menge Kraft und das „Gewußt-Wie" kann man auch nicht von heute auf morgen lernen: Zuerst einmal heißt es, unter den Wellenbergen hindurchtauchen, um einen bestimmten Punkt im tobenden Meer zu erreichen, den ich als toten Punkt bezeichnen möchte. Hier wird man leicht hin- und hergeschaukelt, und die Wellen haben erst nach diesem Punkt ihre volle Größe erreicht. Wie ein lauerndes Rudel Löwen liegen die Surfer im Wasser und warten auf „big waves", so werden die großen Wellen genannt. Die Gesetzmäßigkeit sagt, daß jede 7. Welle eine große Welle ist. Hier draußen erscheint einem der Strand unendlich weit und das Meer und die Wellen mächtig wie ein Riese. Die tobenden Wasserberge haben eine unermeßliche Hast und oft kam ich mir in solchen Momenten vor wie ein armer winziger Wicht. Es sind bizarre schöne Bilder, wenn man durch den aufgepeitschten Salzstaub hindurch zurück zum Strand schaut. Es ist dies wie durch ein nebliges, milchiges, unwirkliches Licht. Dreh ich mich um im Wasser, so blick ich den haushohen dunklen krachenden Wellen entgegen und ohne prahlen zu wollen, es gehört wirklich Mut dazu, denn jede Welle, die herankommt, begräbt einen erst einmal unter sich, drückt einen zu Boden, bricht zusammen, verfängt sich in der nächsten und nicht selten ist man gerade damit beschäftigt, Luft zu schnappen, wenn die nächste Welle einen schon wieder begräbt, auf den Grund schleudert mit aller Gewalt, und wer hier die Nerven verliert, ist wirklich verloren.
Ich möchte keine Surferunfälle schildern, die ich gesehen habe, denn die andere Seite, das Gleiten auf den Wellen und das Sausen auf den Schaumkronen ist viel schöner und berauschender als ein Unfall im Meer, der einen das Leben kosten kann. Ein langgezogenes „hei" stoßen die Surfer aus, wenn eine große Welle, wie sie meinen, herankommt. Schwarz wie die Nacht erscheint sie, hoch wie ein Haus. Die nehmen wir und nun geht der Wettbewerb los! Wer kriegt die Welle und wer kommt dem Strand am nächsten? Ein besesse-

nes Kraulen beginnt, das letzte Stück wird man von der Welle selbst hochgerissen und dieser Moment, ganz oben zu sein, von oben herunterzuschauen und zu hoffen, daß das Mistding nicht bricht, sondern abrollt, einen mit sich nimmt, nicht unter sich schleudert und mit den Wassermassen auf einen herniederbricht. Doch diese bricht, ich fühle wie ich falle, merke die unheimliche Kraft auf meinem Rücken und werde gestoßen, gedrückt, knalle mit dem Bauch, mit meinem Gesicht auf den Meeresgrund auf, ringe nach Luft, denke meine Lungen zerbersten, meine, der Kopf platzt mir, versuche, aufzutauchen und denk ich schaffe es nicht, bin viel zu tief, komm doch nach oben, schnappe etwas Luft, werd nochmals von der nächsten nach unten gedrückt, komm wieder hoch, tauche unter einer kleineren hindurch und hab den toten Punkt im Meer wieder ereicht. Und nun beginnt ein Lachen und Fragen, wer alles wurde noch von der Welle gebeutelt und jeder ist froh und fühlt sich frei.
Es ist ein Abenteuer, das sich ständig wiederholt, heute den ganzen Nachmittag. Drei Meter hohe Wellen sind fast schon normal an den Stränden Australiens, manchmal kann man 10, 12 Meter hohe Wellen beobachten. Die Strände sind streng geteilt und es ist ein Gesetz unter den Surfern ohne daß man dazu Hinweisschilder benötigen würde, ein stilles Abkommen, das besagt, daß auf der rechten Seite einer jeden Bucht die Wellenreiter mit ihren Surfbrettern etabliert sind und auf der linken Seite die Bodysurfer, die Verrückten ohne Brett. Chick und ich hatten beides probiert. Wir besaßen auch ein Surfbrett, ein wunderschönes gelbes Polyestergebilde, das mit knalligen Farben bemalt, eine Sonne und einen Palmenstrand auf dem Rücken trug. Manchmal trug es auch uns auf dem Rücken, doch diesmal selten sehr lange. Ich halte die Technik des Wellenreitens mit einem Surfbrett für sehr schwer. In der Zeit meines Australienaufenthaltes hatte ich Gelegenheit, etliche Weltmeister dieses Sports zu bewundern. Es ist im wahrsten Sinne des Wortes ein Wunder, wie man hunderte von Metern auf solch einem wackeligen Bügelbrett überhaupt stehen kann, ohne sich den Hals zu brechen.
Ich zähle zu meinen schönsten Erlebnissen, Surfies zuge-

schaut zu haben, als diese eine „Pipeline“ bekamen. Das sind Wellenberge, die über den Surfern zusammenbrechen, aber sie nicht unter sich begraben, sondern einen Hohlraum bilden, durch den sich der Surfer beeilt hindurchzukommen: ein Manöver, das wahnsinnige Geschicklichkeit erfordert. Der junge Bursche auf dem Brett muß nämlich schneller sein als die Welle selbst. Mit erhobenen Armen kommen diese Helden aus den Wellen heraus und lassen sich bei einem Surffestival feiern wie weltberühmte Automobilrennfahrer. Und wie bei einem Autorennen, wird auch eine Surfmeisterschaft kommentiert. Über Lautsprecher nennen die Kommentatoren nicht das Fahrzeug, sondern die Badehose. Das klingt dann etwa so: „jetzt nimmt der in der gelben Badehose D. White die Welle, macht ein paar sehr schöne Figuren, rast hoch, runter, hoch, runter, fährt an ihr entlang, ist beinahe an den alten Rekord herangekommen und dreht ab und ist schon wieder auf dem Weg zurück zur nächsten Welle. Jetzt ist sein direkter Gegner im Wasser, mit der roten Hose. Das ist Earl Hunter, er hat eine riesige Welle bekommen, schafft er sie – ja er schafft sie, macht auch ein paar sehr schöne Figuren, doch ach – das war zu gewagt und er kommt zu Fall, ist schon wieder auf dem Brett und zurück zur nächsten“. So ähnlich werden solche Wettkämpfe kommentiert. Die Preise, die es zu gewinnen gibt, sind recht hoch. Die Jungs werden von den Herstellerfirmen gesponsort und man kann recht gut von den Preisgeldern leben.
„Wie findet Ihr die Katze“? Ich habe irgendwie das Gefühl, ich muß sie im ersten Moment gegenüber den anderen verteidigen, ihre Partei ergreifen. Das wäre gar nicht nötig gewesen. Es ist wie mit kleinen Babies. Man findet sie erst einmal süß und lieb und niedlich und erst viel später merkt man, zu was sich solch ein Hosenscheißer entpuppt. Jeder fand die Katze toll. Nur von dem herausgeschnittenen Loch in der Tür des Sunrooms war keiner begeistert. Sicherlich hätte auch der Hauswirt nichts gegen eine Katze einzuwenden, aber eine kaputt geschnibbelte Tür wird ihm nicht gefallen. Das waren die Argumente, die ich zu hören bekam, als ich am Abend stolz den neuen Hausgeist vorstellte.

17

Traudl hatte bei „Graces Brothers" Arbeit gefunden. Das ist ein Kaufhaus und sie konnte als Dekorateur die Kinderabteilung und das Kinderschaufenster betreuen. Der russische Chefdekorateur hatte wohl eine Vorliebe für deutsche Mädchen, denn nirgendwo sonst werden Mädchen eingestellt. Dekorateur ist in Australien ein Beruf ausschließlich für Männer. Nur für die Innendekoration der großen Kaufhäuser werden hier und da weibliche Dekorateure verpflichtet. Traudl konnte also als Windowdresser bei „Graces Brothers" ihrem gelernten Beruf nachgehen. Das eine der beiden deutschen Mädchen war Mimi, die Freundin von einem Freund Harry, das andere Mädchen hieß Sigrid und stammte aus Offenburg. Sigrid war am Abend bei uns zu Gast und brachte mich durch ihre Reden total aus dem Häuschen. Sie erzählte nämlich von ihrem griechischen Freund Mike, der sein Auskommen mit allen möglichen Wetten verdiente. Unter allen möglichen Wetten verstand Sigrid: Pferde-, Traber- und Hunderennen, die täglich irgendwo im Lande stattfanden. Uns allen waren schon die zahlreichen Wettbüros, die sich in jedem Stadtteil befinden, aufgefallen. Das sind staatliche Einrichtungen und an der Wettleidenschaft der Australier verdient der Staatshaushalt nicht schlecht. Für mich war die Sache beschlossen, ich mußte diesen Mike kennenlernen,denn es wollte mir nicht in den Kopf, daß man tatsächlich mit ein paar guten Tips leben kann ohne auch nur irgend etwas nebenher zu tun, das annähernd so wie Arbeit aussieht.
Mike, ein typischer gelbhäutiger Grieche, war ein wirklich netter Kerl und heilfroh, endlich einen Gesprächspartner gefunden zu haben, der mit ihm sein Laster teilen wollte. Ich hatte sowieso in Rosebay zu tun, so daß ich nach getaner Arbeit mit meinem Motorrad bei Georgies, einem griechischen Café vorfuhr, um Mike zu treffen. An diesem späten Nachmittag blieb uns nicht mehr viel Zeit, Mike nahm mich mit in das Wettbüro, das gleich bei Georgies um die Ecke in der Passage war und fing an, alle möglichen Zettel auszufüllen, was mir chinesisch vorkam, denn ich hatte wirklich gar keine Ah-

nung. Mike sagte nur „mach genau das Gleiche, was ich mache, dann wirst Du schon gewinnen". Ich tat das auch, nur der Zettelpack in meiner Hand kam mir unheimlich teuer vor und so war es auch. Auf die Frage: „Mike, was kostet denn das ganze Zeug?" bekam ich die Antwort: „Na, so ungefähr 200 Dollar". 200 Dollar, mein Gott, das sind fast 800 DM! Ist der Junge wahnsinnig? Dafür arbeite ich ja den halben Monat! „Nein, Mike, ganz ehrlich, das ist mir zu viel". „Was willst Du denn anlegen?" Ich griff in meine Hosentasche und fing eine 5-Dollar-Note, knallte sie wie ein König auf den Tisch und sagte: „Das wird sinnlos verpraßt". Mike lachte wie ein Irrer mit Luft vor- und zurückwürgen und Pustergeräuschen durch die Nase und Tränen quollen ihm aus den Augen. Zwischendrin hörte ich immer nur die zwei Worte: „5 Dollar" und wenn er wieder Luft bekam „that's a lot of money" – „5 Dollar". Für mich war das ein Haufen Geld. Als Gärtner verdiente ich die Stunde 2,5 Dollar „also bitte, halt die Luft an und gib mir Deinen Tip für 5 Dollars". Der rote Zettel war eine Dreier-Wette und der Tip, den ich von Mike bekam, war kein Gold, aber immerhin 380 Dollar wert. Das ist kaum zu glauben, dachte ich, als wir abends an einem kleinen Taschenradio die Rennen verfolgten. Mike hatte fast 1000 Dollars gewonnen.

Die darauffolgenden Tage kam ich regelmäßig zu Georgies, in das griechische Café, traf mich mit Mike und verwettete ein paar Dollars. Als so eine Woche oder etwas mehr vergangen war, gab ich meine Arbeit als Gärtner bei den Millionären auf und wurde zum Gambler. Nun mußte ich doch merken, daß das Leben à la Wettprofi nicht so lässig und locker ist, wie es vielleicht nach außen hin aussehen mag. Schon morgens um 9 Uhr beginnt der Tag, denn mittags laufen die ersten wichtigen Rennen und es muß rechtzeitig ausgekundschaftet werden, welche Pferde oder Hunde gewinnen könnten. Dazu heißt es erst einmal, die zahlreichen Zeitungen aus den einzelnen Städten zu kaufen, in denen gerade Rennen stattfinden. Die Wettanzeigen in den Tagesblättern sind fast so groß wie der Wirtschaftsteil selbst. Doch Mikes Arbeitsplatz war geradezu ideal. Da gab es das schöne griechische Café, weiße Café-

hausmöbel draußen auf der Straße, kleine runde Tischchen, eine Markise, die Schatten bot, über die Straße gegenüber der Zeitschriftenladen und um die Ecke in der Passage das Wettbüro. Ab 11 Uhr früh öffnete dann der Noble-Pub mit einem kleinen holzgetäfelten Clubraum. Hier gab es einen offenen Kamin und die Bilder der prominenten Jockeys und Pferde Australiens und auch von Übersee. Die Leute, die hier verkehrten, waren alle sehr gepflegt und ich hätte wahrscheinlich sehr viel Geld verloren, wenn man mich nach den Berufen der einzelnen Figuren hier gefragt hätte. Neben zahlreichen Schauspielern, die hier verkehrten, trafen sich allmorgendlich die Unterweltler Sydneys, Spezialisten für eine Art von Arbeit, die für brave Erdenbürger schmutzig erscheint und auch wirklich schmutzig ist. Da gab es den pockennarbigen Amerikaner, der aus Vietnam desertierte, in Australien untergetaucht war und nun als Rauschgifthändler und Zuhälter sehr viel Geld verdiente.
Und dann die mächtige griechische Mafia. Es sind nicht die Italiener wie in Amerika, die die Fäden der illegalen Geschäfte in der Hand halten, sondern die Griechen. Und durch Mike, meinen griechischen Freund, der von den zwielichtigen Herren begrüßt wurde wie ein Familienmitglied, wußte ich über Dinge Bescheid, die ich besser niemals gehört hätte. An diesem Morgen stellte ich fest, wie stark das Renngeschehen von der Mafia gesteuert wurde. Pferdebesitzer und Jockeys wurden bestochen. Bekamen wir rechtzeitig einen Tip, so konnten auch wir uns ein Stück holen von dem großen Kuchen. In dieser Zeit mit Mike hatte ich nie einen Pfennig für Essen oder Trinken ausgeben müssen. Mike lebte wie ein kleiner König, sah in mir einen Unterhalter und ich war, großzügig wie er war, sein Gast. Da er kein Auto besaß, unternahmen wir alle unsere Fahrten mit dem Taxi. An den Wochenenden fuhren wir zu den Sydney-Race-Courts und waren live dabei, wenn das fiebernde, wettende Volk den bunt schillernd gekleideten kleinen Jockeys mit den alten runzligen Gesichtern zujubelte. Ich kannte einen von ihnen aus meiner Zeit als Autowascher. Er hieß Des Lace und war ein seltsamer Typ. Von Mike wußte ich, daß die Mafia ihn schon oft arg zugerichtet hatte, weil er

Geld annahm und dann doch nicht, wie man es ihm gesagt hatte, sein Pferd zurückhielt, denn wenn er nicht vorhergesehen gewann, konnte er über Mittelsmänner auf sich selbst setzen und so doppelt kassieren. Man erzählte sich auch, daß Des Lace, wenn die Pferde beim Start aus den Boxen hervorbrächen, nach den Seiten links und rechts den andern Jockeys ins Gesicht spuckte, diese waren für einen Moment verdutzt und der Spitzbube Des nutzte die Sekunde aus und sauste den anderen davon. Nicht selten konnte man bei ihm „Veilchen" bewundern, die man ihm geschlagen hatte. Ich hatte zu dieser Zeit nicht das Glück, so etwas auf dem Rennplatz live bewundern zu können, aber die Atmosphäre war aufregend genug.

Hinter den Tribünen gab es mindestens 100 Buchmacher. Zu ihrem Geschäft gehörte ein riesiger Sonnenschirm, schwarze Schiefertafeln auf denen die Pferde und die Quote standen, eine stoßende, knuffende Menschenmenge. Dollarnoten wechselten hier in Sekundenschnelle den Besitzer und Mike und ich hatten ein System, unter all den Buchmachern den besten Kurs zu erwischen. Wir trennten uns und gaben uns mit der Hand Zeichen, hier, ich setz für Dich, Du setzt für mich dort. Ich hatte Herzklopfen dabei und zum ersten Mal in meinem Leben verwettete ich eine Menge Geld. Die freien Buchmacher zahlen viel besser als das staatliche Unternehmen und nach ein paar Minuten weiß man, ob man reicher oder ärmer geworden ist. Mike hatte seine Tips in der Tasche und ich verließ mich ganz auf ihn. Auch bei den Buchmachern gab es Betrüger und einem solchen waren wir aufgesessen. Tatsächlich hatten wir bei dem eben zu Ende gegangenen Traberrennen an die 400 Dollar gewonnen. Wir beeilten uns, zu dem Buchmacher zu kommen, bei dem wir unseren Gewinn abholen wollten. Hier stand schon eine Reihe von Spielern, die auch ihren Gewinn einkassierten und als ich an die Reihe kam, Mike und mein Ticket dem Buchmacher in die Hand drückte, zerriß er die beiden roten Pappscheine, ließ sie auf den Boden fallen und bezahlte uns nur knapp 100 Dollar aus. Ich sagte ihm sofort, das kann doch nicht stimmen. „Wieso" meinte der raffinierte Schurke mit Unschuldsblick.

„Wir haben an die 400 Dollar gewonnen“ war meine Antwort. „Nein, das kann nicht sein“. „Aber Sie haben doch mein Ticket gesehen“. Das Ticket lag zerissen unter hundert anderen umd beim besten Willen konnte man es nicht mehr finden. Das ist ein übler Trick. Der Mann ließ nicht mit sich reden und wir konnten ihm schlecht das Gegenteil beweisen. An diesem Tag lief nichts mehr sehr gut für uns und wenn man verärgert ist, ist es am besten, nach Hause zu gehen, um nicht noch eine Pechsträhne auszulösen. So trennten wir uns für diesen Tag, wünschten uns „good-by“ und jeder fuhr nach Hause. Mike war auch am nächsten Tag noch sauer und im Clubzimmer des Pubs fand ich ihn, aufgeregt, umringt von einer staunenden Menge berichtete er die Story, die uns widerfahren war. Da vernahm ich die amerikanische Pockenfresse: Der Zuhälter legte Mike die Hand auf die Schulter und meinte „wir erledigen das für Dich. Der zahlt keine Gewinne mehr falsch aus“. Mir war mulmig zumute. Sollten wir der Anlaß zu einem Mord sein? Mir wurde schlagartig klar, daß es Zeit war, aus diesem Kreis zu verschwinden. Doch das konnte nicht plötzlich geschehen, sondern langsam und unauffällig, im Laufe der Zeit. So begann ich wieder meine Arbeit als freier Gärtner, erschien nur noch abends bei Georgies, so wie ich's auch am Anfang meiner Bekanntschaft mit Mike gemacht hatte, war eigentlich heilfroh, daß ich diesen Galgenvögeln nie mehr begegnete. Ich weiß nicht, was mit dem betrügerischen Buchmacher geschehen ist, habe auch Mike später nie danach gefragt, Hoffen wir, daß Pockenfresse nur große Worte geschwungen hat. . . .

18

Für mich war es eine Enttäuschung als Chick mir mitteilte, daß er die geplante Expedition wegen seiner wichtigen Arbeit bei dem verrückten Holländer nicht mitmachen konnte. Sie waren immer noch mit der Entwicklung von Klebemassen beschäftigt und Peter, Chicks Arbeitgeber, wollte ihm keinen Urlaub gewähren. Traudl und ich waren schon viel zu sehr mit der Fahrt beschäftigt, unsere Reiseziele waren genau abgesteckt und jetzt noch etwas neues zu planen, dazu hatten wir keine Lust. Eine solche Fahrt ist ja hauptsächlich vom Wetter abhängig. Im Hochsommer möchte wohl kein Mensch bei 40, 50 Grad Hitze in einem Auto durch das Land reisen. Das sind tausende von Kilometern und es reicht, wenn man in der tropischen Gegend solchen Temperaturen ausgesetzt ist. Die ganze Fahrt bei solch einem mörderischen Klima, das ist beinahe schon unvorstellbar. Von den 6 australischen Bundesländern planten wir, 5 zu bereisen und das sollten sein: New South Wales mit der Hauptstadt Sydney, Queensland mit der Hauptstadt Brisbane, Northern Territory mit der Hauptstadt Darwin, Südaustralien mit der Hauptstadt Adelaide und Victoria mit seiner Hauptstadt Melbourne.

Ohne Chick wollte ich diese Riesenfahrt nicht mit dem PKW unternehmen. Eine andere Möglichkeit ist der Greyhound Bus, eine nicht sehr kostspielige Art und Weise, das Land zu bereisen und da es fast in jeder Stadt Busbahnhöfe oder zumindest einen Busstop gibt, kann man große Strecken überbrücken, ohne der Gefahr ausgesetzt zu sein, irgendwo liegenzubleiben wegen eines technischen Defekts am PKW, den man selbst nicht beheben kann, was in einer menschenleeren Gegend den sicheren Tod bedeuten kann. Die Busse halten doch mehr oder weniger ihre Fahrzeiten ein und beim Ausbleiben einer solchen Coach wird sofort Hilfe losgeschickt. Dieses Problem war somit also gelöst.

Es war im Monat Juli. In Sydney herrschte also schon seit ein paar Wochen australischer Winter, das hieß, an sehr vielen Tagen naßkalter Wind, der in alle Ritzen zu dringen schien, und die leicht gebauten Häuser boten keinen rechten Schutz vor diesem miesen Wetter. So freute ich mich auf das mildere Queensland und hatten wir erst einmal das Northern Territory erreicht, so wird uns bestimmt sogar wieder die Sonne auf die Nerven gehen. Abfahrt Busbahnhof Sydney – zurück ließen wir einen bedrückten Chick, der uns so gern begleitet hätte auf der ersten Fahrt durch das weite Land, auf der wir so viel erleben sollten. Unser Fahrer war Billy White. Ein lustiger

Zeitgenosse, der schon seit einiger Zeit mit dem Bus unterwegs war und jeden Winkel kannte, den man mit einem Bus befahren kann.
Da das Wetter wirklich nicht sehr schön war, machte es auch keinen großen Spaß, aus dem Fenster zu sehen, doch was soll man tun, wenn man in einem solchen Glasgefährt sitzt. Selbst beim Erzählen stiert man noch aus den angelaufenen Scheiben und die Strecke von Sydney nach Newcastle ist wirklich nicht so interessant – außer ein paar Obstverkäufern direkt an der Straße, gibt es nicht sehr viel zu sehen. Newcastle selbst kann man mit unserem Kohlenpott in Deutschland vergleichen, genau so häßlich, genau so notwendig, doch ist Newcastle kein Ballungszentrum, sondern nur eine Stadt, in der man Kohle gewinnt. Die nächst größere Stadt ist unser Sydney, wo wir gerade herkommen. Direkter Nachbar ist Cessnock. Sydney und Newcastle liegen etwa anderthalb Stunden auseinander. Nach Tamworth, das im Norden liegt, sind es etwa 2 Stunden und nach Coffs Harbour benötigt man 3 Stunden. Hieraus läßt sich erkennen, daß Newcastle beinahe abgekapselt ist, d. h. man hat eine Industriestadt geschaffen, die durch ihre Anlagen, die natürlich nicht sehr umweltfreundlich sind, andere Städte nicht verschmutzen kann, weil diese so weit von Newcastle entfernt sind, daß sie noch nicht mal die Preckswolken am Himmel erkennen können, die durch die Industrie erzeugt werden.
Wir halten uns in Newcastle natürlich nicht auf. Unser Ziel ist Toowoomba, das schon zu Queensland gehört. Würden wir im Monat September nach Toowoomba kommen, so könnten wir den „carneval of flowers“ erleben. (Toowoomba ist die Gartenstadt in den Darling Downs.) Welch ein krasser Gegensatz sind diese beiden Städte am Anfang unserer Reise, Newcastle und Toowoomba. Wie auch bei uns zu Hause gibt es in jedem Zeitabschnitt des Jahres Pflanzen, die ihre Blütenpracht zeigen und jeder Gartenbesitzer der kleinen Stadt ist ein Meistergärtner. Auf unseren Spaziergängen sehen wir wunderschöne Vorgärtchen mit weißen englischen Zäunen. Große Räume und Kletterrosen gehören in jeden der prächtigen Gärten und wenn die Bewohner dieser Stadt in einen tau-

sendjährigen Schlaf versinken würden, hätten wie in „Dornröschen“ eine gigantische Rosenhecke die ganze Gartenstadt überwuchert, die ein moderner Königssohn mit einer Elektro-Heckenschere befreien müßte. Gepflegte Parks, gepflegte Grünanlagen – das ist Toowoomba in den Darling Downs. Wir befinden uns westlich von Brisbane, einem fruchtbaren Weizengebiet, dem man den Namen „Darling Downs“ gegeben hat. Hier entstanden nach 1838 zahlreiche Siedlungen deutscher Einwanderer. Noch heute zeugen die Ortsnamen: Minden, Marburg und Brenslau davon. Von Dalby aus brach 1847 der deutsche Ludwig Leichhardt zur Durchquerung Australiens auf, wobei er den Tod fand.
Die erste Nacht verbrachten wir in Taworth und ich kann wirklich nicht mehr berichten, als daß ich hundemüde war und nach ein paar Stunden, die ich doch geschlafen hatte, durch die eisige Kälte und die klammen Knochen wach wurde und nicht schlecht staunte, daß Reif auf unserem großen Zelt lag. Das Drama einer schlecht ausgerüsteten Expedition durch Australien hatte begonnen. Wie von zu Hause gewohnt, hatte ich mich in meiner Unterwäsche in den Schlafsack gekuschelt. Doch dies war völlig unzureichend. An einen schönen gefütterten wärmenden Trainingsanzug für die Nachtstunden hatte ich natürlich nicht gedacht. Weil ich sowieso nicht mehr schlafen konnte, hatte ich mich über unser Lagerfeuer gelegt. Dazu stellte ich mir 3 Hocker nenbeinander über die noch prasselnden glühenden Holzscheite. Ein später Lastzug, der das Feuer sah, knatterte vorbei und der Fahrer schlug aus Übermut auf die Dreiklang-Hupe. Ich schrak so zusammen, daß mein Hockerturm mit mir zusammenfiel. Erst durchgefroren erwacht und nun den Hintern versengt, begann es eine wirklich sehr interessante Sache zu werden, wobei die zweite Nacht in Toowoomba der ersten in nichts nachstand: Hier war es zu dieser Jahreszeit genau so freezy. Gewarnt durch die erste Nacht, versuchte ich, die Gespräche am Lagerfeuer so lange wie möglich in Gang zu halten. Bill, unser Fahrer hatte auch ein paar gute Geschichten auf Lager, so daß ich Englischstotterer nicht die ganze Nacht allein reden mußte. Wir sangen das Lied von der Waltzing

Mathilda. Diese Ballade hatte ich schon vorher gehört, doch nun, unterwegs durch das Land, konnte ich das Lied viel besser verstehen und begreifen. Es gibt viele *Billabongs* (Wasserlöcher) in den ausgetrockneten Regenflüssen Australiens. Über jedem schwebt der Geist eines unbändig freien Lebens. Andrew Patterson schrieb 1895 die Waltzing Mathilda (er gilt als der berühmteste Volksdichter Australiens). Das Combohole bei Winton wurde zu einer Art nationaler Wallfahrtsstätte.

Die Übersetzung lautet:

1. Gut gelaunt saß ein Tramp am Wasserloch im Schatten eines *Coolidah* und er sang beim Zuschauen bis sein Kessel zum Kochen kam: „wer will kommen und Mathildawalzer tanzen mit mir?"
2. Sprang herab ein Bocklamm zu saufen am Wasserloch, hoch fuhr der Tramp und schnappte es mit Lust und er sang, als er es in seinen Freßbeutel steckte: „Du wirst kommen Mathilda, Walzer tanzen mit mir".
3. Da ritt herbei der Schafzüchter auf seinem Vollbluthengst, hinterher kamen Reiter, ein, zwei, drei „wem gehört der feiste Bock in Deinem Freßbeutel?" „Komm mit Bursche, Mathildawalzer tanzen mit mir".
4. Hoch fuhr der Tramp und sprang in das Wasserloch und er rief: „lebend fangt ihr mich nie". Seinen Geisterruf hört, wer passiert jenes Wasserloch „komm herein Mathilda, Walzer tanzen mit mir".

Man kann schlecht vorbei an diesem Song. Maler, Zeichner und Kinderbuchverleger haben schon lange genug diese australische Ballade gepriesen und sie gehört zu dem Land, wie die Wüsten, die Känguruhs, die Koalas und die Emus, wie das Opernhaus zu Sydney und die deutschen Winzer zu dem Barossatal. Es sollte kein Abend vergehen, kein Lagerfeuer erlöschen ohne daß wir die Waltzing Mathilda gesungen haben. Seit Toowoomba ist unsere Gruppe von 15 Personen noch um 5 Abenteurer angewachsen. Nun kennt einer schon den anderen. Traudl und ich sind die einzigen Deutschen, mit einer Engländerin sind wir auch die einzigen Europäer. Als weitere sind dabei: 3 Neuseeländer, der Rest von 14 Personen

sind Australier, die ihren eigenen Kontinent gern genauer kennenlernen möchten. Bei so einer Expedition begreift man erst so richtig, wie hart das Land ist und bewundert noch mehr die Pioniere, die als erste von dem Kontinent Besitz nahmen und dabei oft ihr Leben lassen mußten.
Wir halfen uns gegenseitig bei den täglichen Arbeiten. Um 5 Uhr früh mußte Tee gekocht werden, ein deftiges Frühstück wurde zubereitet, für das Lagerfeuer wurde tagsüber, je nach Gelegenheit, Holz gesammelt. Für die Nacht bauten wir uns Zelte auf. Wir warnten uns gegenseitig vor Schlangen, Spinnen und Skorpionen, wenn der Kamerad nichts ahnend in sein Unglück zu laufen schien. Doch braucht man nicht so ängstlich zu sein wie eine alte Gouvernante. Die meisten Gefahren, die einem aus der Tierwelt zustoßen können, sind mit etwas Vorsicht zu meistern. Sehen wir einmal von giftigen Schlangen, Spinnen und Skorpionen ab, die uns gefährlich werden könnten, so ist es gar nicht so schlimm, wenn man weiß, wie man sich Tieren gegenüber verhalten muß. Der Richtigkeit halber muß ich aber an dieser Stelle zugeben, daß ich in der Zeit, die ich auf dem australischen Kontinent verbrachte, sehr häufig mit Giftschlangen und auch Giftspinnen in Berührung kam. Dies lag daran, daß ich mich nicht nur in Großstädten aufhielt, sondern das Land, den Busch, die Regenwälder und die Wüsten bereiste.

19

Häufig wird Australien als das Land der Känguruhs bezeichnet. So trägt auch das Staatswappen Australiens ein Känguruh als Aushängeschild. Forschungen ergaben, daß es 51 Känguruharten gibt mit etwa 90 Unterarten. 1769 entdeckten europäische Naturforscher das Känguruh. Rattengroße bis mannshohe Tiere gibt es und dies zeigt, wie verschieden die 51 Känguruharten sind. Mit Ausnahme des Moschusrattenkänguruhs (Hypsiprymnodon moschatus) sind die Känguruhs Pflanzenfresser. Sie leben in der zentralaustralischen Wüste und in den Regenwäldern im Osten. Das wohl bekann-

teste Spezies der Familie der Springbeutler ist das große Känguruh macropodidae. Hierzu zählen aber auch wieder 17 verschiedene Gattungen. Diese komischen Steh-auf-Männchen kamen mir oft vor wie riesige Hasen mit verkrüppelten Vordergliedmaßen und einem viel zu langen Schwanz. So sind auch die mittleren Schneidezähne des Ober- und Unterkiefers sehr groß.
Mit Ausnahme der dendrolagus, der Baumkänguruhs, die als ihren Lebensraum Bäume bevorzugen, findet man die anderen Arten überall, wo es nur etwas zu Knabbern gibt. So sah ich sie sogar in Städten wie Rockhampton oder Noosa auf den Golfplätzen über die fairways hoppeln und friedlich grasen. Meine australischen Freunde waren wohl schon an den Anblick der Tiere auf dem Golfplatz gewöhnt. Für mich war es eher eine Szene aus einem komischen Film, mit Jerry Lewis oder Woody Allen. Ich stand in Rockhampton auf der Driving Ranch und spielte ein paar Bälle mit dem 3er und 5er Eisen, als ich die Tiere zum ersten Mal sah. Rechts und links von mir trainierten ein paar ältere Damen und Herren seelenruhig ihren Drive und schienen Känguruhs für so selbstverständlich zu halten wie sie in Australien nun einmal auch sind. Ich war viel zu sehr darauf bedacht, keins der lustigen Springer zu treffen, bis ich merkte, daß von den Tieren ein Abstand gehalten wurde, der sie niemals in den Bereich der fliegenden weißen Bälle brachte. Hier scheinen sie nicht zu stören. Doch ich kann mir nicht vorstellen, daß bei einem echten Wettkampf, wie etwa den australischen offenen Golfmeisterschaften auch Känguruhs zugelassen sind.
Ich war geradezu davon besessen, Portraitaufnahmen von Känguruhs zu machen und mußte feststellen, wie schwierig es war, an die Tiere heranzukommen, so daß auch das kleinste Haar des Schnurrbartes noch scharf im Sucher zu sehen war. Ich bewunderte bei solchen Gelegenheiten die mir bekannten Tierfotografen, die eine Engelsgeduld aufbringen müssen, um brauchbare Fotos zu schießen. Da die meisten Tiere sehr scheu sind, erfordert es wirklich eine lange Zeit und nicht selten muß man sogar einen kleinen Unterschlupf bauen und stundenlang auf das gewünschte Objekt warten.

20

Wir waren nun schon fast eine Woche unterwegs und unser nächstes großes Ziel war Mt. Isa. Irgendwo hinter Longreach hatten wir unser Nachtlager aufgeschlagen. Alle 20 waren wir damit beschäftigt, Holz zu sammeln, um ein schönes Lagerfeuer zu machen, zum Kochen und Wärmen. Mir war es zur Gewohnheit geworden, meine Kamera stets bei mir zu tragen, damit ich immer „schußbereit" war, wenn ein unvorhergesehenes Ereignis sich einstellte und dieses sollte in Gestalt zweier Dingos eintreten. Der Dingo wird als das wichtigste australische Raubtier bezeichnet. So liest man über ihn auch als den australischen Wolf. Für die Känguruhs ist der Dingo wohl der gefährlichste Räuber. Über die Theorie, wie der Dingo nach Australien kam, möchte ich mich nicht auslassen, es gibt zwei verschiedene Meinungen, die ich lediglich nennen möchte: So besagt die eine Theorie, daß der Dingo durch die australischen Ureinwohner auf den Kontinent kam und nichts anderes ist als ein verwilderter Haushund. Davon ist Mac Intosh nicht überzeugt, er stellte fest, daß sich der Dingo vom Haushund unterscheidet durch das Paarungsverhalten und das Eiweiß des Blutserums. Der Dingo bringt seine Jungen nach 9 Monaten in einer Erdhöhle zur Welt. Außer dem Menschen hat der Dingo in Australien keine allzu ernstzunehmenden Feinde. Ist er wirklich einmal unvorsichtig, so können ihm lediglich Krokodile in den Tropen oder der mächtige Keilschwanzadler gefährlich werden (aquila audax).

Die Sonne war schon im Begriff unterzugehen und hatte den Himmel in ein flammendes Rot verwandelt mit ein paar gefühlvoll eingestreuten Gelbtönen. Wenn man solch eine Stimmung auf sich wirken läßt, beginnt die Phantasie das ihrige dazu zu tun und mir schossen Bilder durch den Kopf von speienden Vulkanen, die eine glühende rot-schweflige Lavamasse in den Himmel schleudern und die heiße glühende Soße regnet nun auf mich mitten in Australien hernieder. Neben mit stand Tom Dooley. Seinen richtigen Namen wußte ich nicht, aber wir sangen jeden Abend zusammen am Lagerfeuer ein paar Lieder und wenn er seine Waltzing Mathilda getrillert hatte, spielte er für mich, auf Wunsch eines einzelnen Herren aus Germany also, den Tom Dooley Song. Ich liebe das Lied wirklich sehr und am Lagerfeuer ist die entsprechend sentimentale Stimmung. Ich nannte also den dürren australischen Gitarrenspieler Tom Dooley. Als er in diesem Moment hinter mir stand, riß er mich aus meinen „Lavaträumen" mit einem einzigen gezischten Wort „Dingos". Ich war wie vom Blitz getroffen, im nächsten Moment hatte auch ich sie gesehen.

Das Land war leicht hüglig und mein Freund Chick, der leider nicht bei uns war, hatte einmal über dieses Land gesagt, es hat die weichen Linien einer Frau. Es schienen zwei Dingos zu sein, die uns jetzt auch bemerkt hatten und sofort den Rückzug antraten. Den kleinen Berg hinauf und schon waren sie hinter einem Gestrüpp verschwunden. Tom Dooley hielt mich am Arm fest, als er merkte, daß ich hinterher wollte. „That's right maid", sagte ich zu ihm, befreite meine Hand aus seiner Umklammerung und schon war ich hinter den gelben Gesellen her. Tom Dooley nannte mich einen „Bloody German", doch mir war es wirklich egal, was er von mir hielt. Mit ein paar Schritten, die ich versuchte, leise zu rennen, war ich oben beim Gebüsch angelangt. Es waren keine Dingos mehr zu sehen, doch da vorne der Busch bewegte sich, ein Rascheln war zu hören, ein Knacken in den Ästen und mogelten mir meine Augen einen gelben Schatten dazu? Nein, wirklich, da vorne verschwanden die beiden Dingos. Beinahe wäre ich in die Erdhöhle gestolpert, die ich bei diesem schlechten Licht am Abend gar nicht bemerkt hatte. Also hier oben lebten sie wahrscheinlich, die beiden australischen Wölfe.

Ich mußte nur Geduld haben und etwas Glück, um sie nochmals ganz nah sehen zu können. Ich war wie besessen von dem Gedanken, mein Herz schlug wie ein Preßlufthammer. Es schlug so stark und ich hatte das Gefühl, es wäre irgendwie bis in meinen Hals hinauf zu meinem Adamsapfel durch das verrückte Hämmern gewandert. Ich muß mich verstecken, doch so viel Gelegenheiten gab es hier gar nicht. Also zurück zu dem Gestrüpp, wo die beiden das erste Mal dahinter verschwanden. Hier legte auch ich mich nieder in die rote, staubige Erde, doch sauber waren wir alle schon lange nicht mehr. Es gab ja kaum Gelegenheit, sich zu waschen unterwegs und für die Dingos hätte ich mich sogar zu noch größeren Schandtaten überreden lassen. Am leichtesten laß ich mich von mir selbst überreden, so auch in diesen Minuten, die kaum zum aushalten waren, denn aus dem Rot des Himmels, das am Horizont mit dem roten Sand der Steppe verschmolzen war, erschienen meine beiden gelben Vierbeiner.

Sie kamen zurück. Sie kamen wirklich zurück, doch ihr Verhalten zeigte mir, daß sie sehr mißtrauisch waren. Hatten sich doch diese 20 lärmenden Menschen am Fuße ihres kleinen Hügels niedergelassen und das Spektakel, das dort vollführt wurde, mußte für die empfindlichen Ohren der Dingos geradezu haarsträubend sein. Diese Menschen, ihr ärgster Feind, der sie abknallte, ihnen die Ohren abschnitt und dafür auch noch die Kopfprämie kassierte, war mit äußerster Vorsicht zu genießen. Ich drückte meine Nase in den warmen Sand und wünschte mir, daß sie näher kämen hierher, ganz langsam zu mir, immer näher. „Kommt schon, ihr beiden, ich möcht Euch sehen, ganz nah möcht ich Euch sehen und ich möchte Euch sogar riechen können". Es entstanden meine einzigen aber auch scheußlichsten Fotos von Dingos, die ich in all den Jahren in Australien machen konnte. Ich war wohl zu aufgeregt, um anständige Fotos zu schießen. Auch war das Licht schon viel zu schlecht, aber für mich bleiben diese Fotos eine Erinnerung. Es sind Momente, die nicht wieder kommen. Auch diese Zeit und dieses Erlebte kann man nicht zurückdrehen. Es war eine lange Zeit, die ich im Staub liegend verbrachte und mich an der Schönheit der Tiere sattsehen konnte.

Es tut mir weh, wenn ich daran denke, daß es Menschen Spaß macht, auf diese Tiere zu schießen. Wie kann man dabei eine Genugtuung verspüren? Doch Traudl sagte einmal, es ist noch viel schlimmer, größere Tiere sterben zu sehen. Je größer das Tier ist, desto grauenhafter, desto ekelerregender ist zu sehen, wie ein Lebewesen von einer Kugel getroffen zusammenbricht. Wenn ein Koloß wie der Elefant in der Steppe

Afrikas von einer Kugel eines weißen „Möchte-Gern-Hemingways“ getroffen verendet, könnte man heulen. Ich habe keine Dingojagd erlebt und bin stolz, die Tiere frei in ihrer natürlichen Umgebung gesehen zu haben. Dies kann für mich auch der schönste Zoo nicht ersetzen.
Die Natur in ihrer unberührten Reinheit, in ihrer unbefleckten Schönheit, wie ich sie in Australien fand, erleben zu dürfen, ist ein Geschenk, das man ruhig annehmen darf und wenn man für dieses Geschenk Verständnis zeigt, für den 5. Kontinent, der in vielen Dingen für unsere Begriffe rückständig ist, entschädigt uns das Eine ausreichend für das Andere. Wenn oft in den Großstädten um 10 Uhr die Lichter ausgehen, wenn alle Pubs um diese Zeit schließen, wenn ich mein Leben lang Hamburger und Sausages essen müßte, so könnte ich trotzdem hier leben. Noch ehe das Rot am Himmel den Platz räumt und für die Sterne freimacht und das Kreuz des Südens über mir erscheint, stolpere ich den Hügel hinunter, vollgepackt mit Gesehenem und Erlebtem und glücklich, mit einem Gefühl im Herzen, das mir niemand wegnehmen kann. Tom Dooley singt auch an diesem Abend, die Meute klatscht und pfeift, irgend einer lobt das gerade gehörte Lied „wasn't it a good one, wasn't it?“ als ich in den Lichtkreis trete, der um das große Lagerfeuer herrscht. Ich setze mich zu Traudl und ihre Blicke sind etwas ängstlich. Sie hatte bestimmt Sorgen um mich, als ihr Tom Dooley verriet, ich hätte zwei Dingos verfolgt.

21

Bill, unser Fahrer nutzt die Gelegenheit, ein paar deftige Jagdgeschichten zu erzählen. Ein beliebter Sport in Australien ist das Jagen von Känguruhs aus dem Auto. „Stellt es Euch nicht so einfach vor“, sagt Bill „denn es kommt darauf an, das Tier lebend zu fangen. Vom Auto aus Känguruhs fangen, das kann man aber nur in Gebieten machen, in denen es keine größeren Hindernisse für das Auto gibt“. Bill legt eine Kunstpause ein, steckte sich eine neue Zigarette an, inhalierte den ersten Zug tief über die Lunge und beim Ausstoßen des Rauches gab es ein leises Pfeifgeräusch. Dann sagte er: „es geht natürlich am besten, wenn man mit mehreren Autos jagt. Dem Känguruh bleibt keine rechte Chance, kein Ausweg nach der Seite auszubrechen und etwa auf unbefahrbares Gelände zu entkommen. Wie bei allen Tieren, die in der Herde leben, gilt es, zuerst ein Tier aus der Meute auszuwählen. Diesem rast man dann mit dem Wagen hinterher. Das Auto und der Fahrer müssen oft ihr Letztes geben. Die Tiere machen Sprünge von 8 bis 10 m Weite und 2–3 m Höhe. Ist ein Hindernis im Wege, so springen die Tiere darüber weg, doch das Auto muß darum herumfahren. Und so eine Känguruhjagd mit dem Auto dauert nicht selten eine halbe Stunde lang. Danach hat entweder das Auto einen Defekt oder das Känguruh ist im nahen Busch entkommen". Für unseren Fahrer Bill gab es nur die 3. Möglichkeit: er hatte das Känguruh gefangen. Die Frage ist, wie fängt man denn ein Känguruh vom Auto aus? Etwa nach der Manier amerikanischer Cowboys mit dem Lasso oder mit einem langen Stab, an dessen Ende eine Schlinge befestigt ist? Schließlich kann man es ja nicht mit der Hand fangen. „Doch, das ist es", antwortete Bill. Ein Gemurmel geht durch die Runde, die mucksmäuschenstill dem Erzähler gelauscht hatte und nun immer ungeduldiger wurde, was Bill da wohl noch berichten würde. „Man muß versuchen, mit dem Wagen neben das Tier zu kommen und dann gilt es, einen ganz bestimmten Moment abzuwarten. Setzt das Tier nämlich zu einem Sprung an, so kann man es in diesem Moment an dem langen, dicken, kräftigen Schwanz packen. Der Jäger oder Fänger muß zu diesem Manöver auf dem Trittbrett des Wagens stehen. Es ist ein sehr gefährliches Unterfangen, da der Wagen selbst Bocksprünge in dem unebenen Gelände macht und der Fahrer den größten Löchern und Hindernissen ausweichen muß. Mit 70, 80 Stundenkilometern rast der Geländewagen dem Tier hinterher. Doch eine echte Jagdleidenschaft ergreift von einem in diesem Moment Besitz. Der Fahrtwind schlägt einem ins Gesicht, das Hemd bauscht sich auf, schon mehrmals war man dicht neben dem Tier, doch der richtige Moment war noch nicht gekommen.

Ist es schließlich so weit, ein schneller Griff ist dazu nötig, ein kräftiger Ruck und schon zappelt das Känguruh im Wagen. Nun heißt es, vorsichtig sein. Die starken Hinterläufe sind gefährlich, mit den scharfen Krallen zerfetzt das gejagte Wild das Hemd des Fängers, gräbt sich in das Fleisch ein. Mit schnellen Handgriffen werden die Hinterläufe zusammengebunden und die Jagd ist beendet."

„Ok, ok," sage ich, „Bill, das war eine tolle Geschichte und würden in Australien nur auf diese Art und Weise Känguruhs gejagt, hätte es nie die Industrie gegeben, die Känguruhfleisch als Hundefutter in Dosen auf der ganzen Welt verhökert, und dann gab es ja auch noch die Spezialität des Känguruhschwanzes in Feinschmeckerlokalen". Doch was soll ich als Deutscher für große Reden halten. Ich denke an Erik Ziemen, der versuchte, im bayrischen Nationalpark wieder Wölfe anzusiedeln. Wir hatten nichts besseres zu tun, als die Tiere schon nach wenigen Wochen wieder abzuschlachten. Schon seit jeher gibt es die schwarzen Jäger, die Aborigines, die das Känguruh jagen, weil sie Nahrung brauchen. Die weißen Siedler hatten eine andere Begründung: die Tiere fraßen das Gras der Schafe weg und auch der mühsam angebaute Weizen litt unter der Känguruhplage. Die Felle der erlegten Tiere brachten bares Geld, besonders das Fell des blauen Känguruhs war sehr begehrt. Früher, als die Tiere tatsächlich großen Schaden auf den Weizenfeldern anrichteten, zahlte der Staat sogenannte Abschußprämien. Es gab viele rauhe Burschen, die das Känguruhjagen zu ihrem Beruf machten.

22

Der Greyhoundbus rattert Richtung Mt. Isa. Wir haben das fruchtbare Land hinter uns gelassen und zu meinem Erstaunen gibt es sogar hier noch Farmer, die es auf sich genommen haben, gegen die Dürre und den Sand, die Sonne und alle möglichen Plagen zu kämpfen. Ihr Land ist riesig groß gemessen an den Herden, die von dem Wenigen, was in dieser trostlosen Landschaft gedeiht, leben müssen. Keine Obstfarmen

mehr, keine asphaltierte Straße, nur einsame Leere. Um uns herum Termitenhügel, geisterhafte Gebilde wie rote Zuckerhüte in der flimmernden, unwirklichen Urlandschaft eines Gebietes, das tagelang nicht sein Gesicht ändert. Kein Lebewesen ist zu sehen, hier und da tote Eukalyptusbäume, immer wieder Termitenhügel. Die Sonne glüht erbarmungslos, die wenigen Grasbüschel zu toten braunen Palmen verbrannt. In diesem Niemandsland, das 30mal so groß ist wie die Bundesrepublik, leben 2 Millionen Menschen, Abenteurer und Eroberer des Outback. Sie behaupten sich gegen die Natur, jeden Tag aufs Neue, leben in der roten Wüste, zwischen kantigem Gestein, an ausgedörrten Flußbetten, die, wenn sie Pech haben, nur alle 3 Jahre Wasser führen, dann wenn sintflutartige Regenfälle auf das Land hernieder prasseln und diese Wüste innerhalb von nur wenigen Tagen in einen Garten Eden verwandeln. Es sind rauhe Burschen, die Farmer und ihre Stockmen und ihr Kampf gilt heute noch den Schlangen, den Dingos und den Känguruhs. In den wenigen Homesteades auf unserem Weg nach Mt. Isa lerne ich einige der trinkfreudigen Gesellen kennen. Auf den naßgeschwitzen Burschen sitzen hunderte von Fliegen. Sie kampieren wochenlang draußen im Freien, sammeln die Rinder zum jährlichen „Round-up". Von den Stationen aus wird der Treck dann weiter geschickt und durch Agenten weiter verkauft.
Die Aufgabe der Stockmen ist es, den Mob von einem Wasserloch zum anderen sicher zu führen und es scheint so, als würde die Sonne und dic Natur nicht nur das Land formen, sondern auch die Gesichter dieser australischen Version des Cowboys und um in einem Western mitwirken zu können, brauchen die sich erst gar nicht zurechtzumachen, sie können reiten wie der Teufel. Ihrer Kleidung merkt man an, daß sie wochenlang nicht gewechselt wurde, hochhackige Cowboystiefel, billige, einfache Jeans, karierte Baumwollhemden, ein breitkrempiger Cowboyhut, der ganze Kerl verstaubt und verdreckt. Der rote Staub dringt in die feinsten Poren und aus seiner dicken, verschwitzten, verkrusteten Masse blinzeln schmale, helle, wachsame Augen hervor, die daran gewöhnt sind, in dem hellen Licht unter der stechenden Sonne ihre

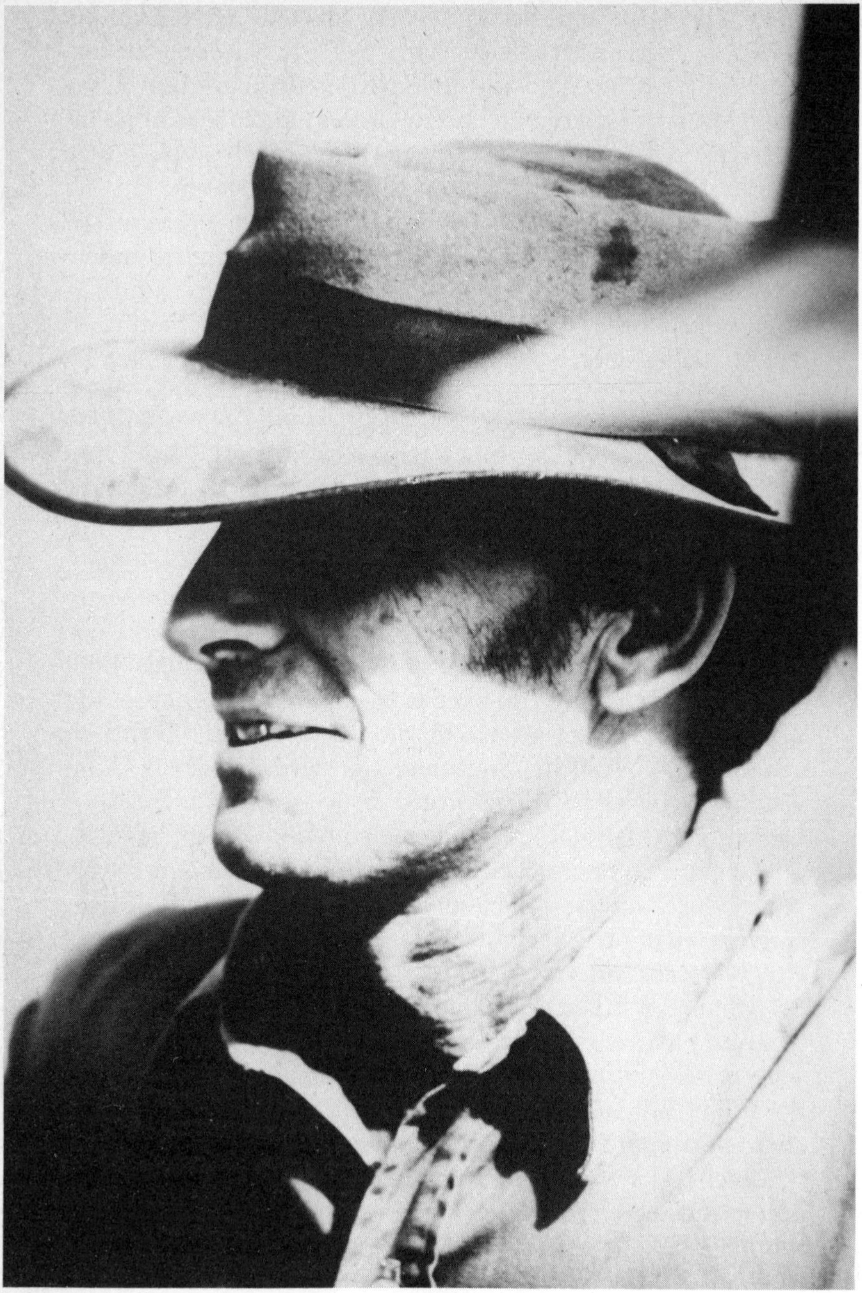

Herde zu beobachten und rechtzeitig Gefahren zu erkennen. Ihre Hüte sehen aus, als wäre gerade erst die ganze Rinderherde darüber getrampelt; wenn er so aussieht, ist er erst richtig und der Stockmen liebt ihn so. Er nimmt ihn niemals vom Kopf, höchstens, um den Schweiß vom Haaransatz zu wischen. Treffen sie sich in den Homesteads, dann sind lauter gröhlende Gespräche im Gange und es wird gesoffen bis in die Nacht hinein. Sie schlafen unter dem Dach des Himmels, behalten ihren Hut auch hier dabei auf. Ein Schlafsack genügt ihnen.

Seit mehr als 180 Jahren wird in diesem Land das Cattletrekking betrieben. 1788 brachte Captain Arthur Philipp die ersten 11 Rinder nach Sydney und es sind schon wahre Teufelsgeschichten, als 40 Stockmen unter der Führung von Alfred Giles 1899 2000 Rinder, 12 000 Schafe und 300 Pferde in nicht endenwollenden Monaten durch ein unerforschtes Land, den Kontinent vom Süden bis zum Norden durchquerten. Damals wurden die Overlander zur Legende.

Sie waren in die unbekannte Wildnis vorgedrungen und viele starben dort einsam in der Freiheit, die sie sich ausgesucht hatten, in der sie gelebt hatten und in der sie nun begraben waren und sie reiten heute noch genauso wie damals. Dort wo es keine Möglichkeit gibt, wo es keine Straße gibt, auf der die riesigen Treckies fahren können, die Großtransporter oder die Güterzüge, treiben sie heute noch die Herde durch den roten Staub von Tagesbeginn und bis der Feuerball am Abend untergeht so lange sind sie im Sattel und halten die Legende der Overlanders aufrecht. Der Traum eines jeden Jungen. Ich sitz mit ihnen an der Theke, laß mir ihre schwieligen Hände auf den Rücken klatschen und strahle wie ein Honigkuchenpferd, daß ich den Geschichten der Staubfresser zuhören kann. Geschichten von verdammt großen Herden, die durch ein verdammt großes Land über verdammt große Wüsten getrieben wurden und den Farmern verdammten Reichtum einbrachten.

Wir befinden uns nun schon etliche Tage in Queensland. Hier herrscht ein Monsunklima, das man vergleichen kann mit Südasien; feuchte Sommer mit regelmäßigen starken Regenfällen und Trockenheit im Winter und Frühling. Seit 3 Tagen sind wir am Rande dieses nach Norden immer trockener werdenden Monsungebietes, das sich dann langsam nach Westen hin in eine Vollwüste verwandelt. Das sind sehr große Flächen, die keine Vegetation mehr aufweisen. Rechnen wir alles Land, das man als trocken bezeichnen kann, zusammen, nimmt die Wüste nur $^1/_3$ dieser ganzen Fläche ein, halbtrokkene Gebiete dienen noch als Weideland für Schafe und Rinder. Hierbei wurde festgestellt, daß die Rinder rauhes und trockenes Klima noch besser vertragen als die Schafe, da sie viel länger ohne Wasser auskommen können. Die beiden River Diamentina und Georgina bilden ein V und vereinigen sich in der Eyresee. Im Süden liegt Birdsville, im Norden Mt. Isa.

Zwischen den beiden Rivern als natürliche Grenze hatte sich vor 15 Jahren McArthur niedergelassen, eine Familie gegründet und damit begonnen, Rinder zu züchten. Die McArthurs waren schottischer Abstammung. Das australische Volksleben wird überraschenderweise nicht so sehr durch englische, als durch schottische, irische und walisische Elemente bestimmt. So kamen die Einwanderer bis im Jahre 1930 ausschließlich aus den angeführten Gebieten. Dieter wurde 1940 in Rockhampton geboren und seinem Vater Paul McArthur gehörte eine große Cattlestation Cloncurry. Dieter wollte auf eigenen Füßen stehen und mit etwas Unterstützung des Vaters begann er damit, sein eigenes Reich aufzubauen. Alligator-Joe, der mir gegenüber saß, erzählte diese Geschichte der McArthurs, als Bill, unser Fahrer und die ganze Gruppe daran gingen, das Nachtlager auf dem Grundstück hinter dem Homestead aufzuschlagen. Ich lauschte dem Gespräch und verspürte keine Lust, mich an dem Aufbau zu beteiligen. Tom Dooley und der Neuseeländer versprachen mir, für ein Bier unser einfaches Zelt aufzustellen. Die McArthurs kamen zu Reichtum. Das jährliche Round up erstreckte sich über Wochen und die McArthur-Stockmen waren hierzu wochenlang unterwegs, das verstreut grasende Vieh einzusammeln.

Alligator-Joe war schon von Anfang an auf der Station beschäftigt und er verstand nicht, warum Peter McArthur keine Aborigines-Stockmen einstellte. Immer wieder kamen die schwarzen Burschen auf die Farm und baten um Arbeit. Der Farmer war kein Mann großer Worte, bei ihm gab es auch keine Diskussion, er war der alleinige Herr über ein kleines Königreich, sein Wort galt, und so hatten Aborigines hier nichts verloren.

23

Joe war auch dabei, als vor 2 Jahren die drei Ureinwohner vom Stamme der *Aljawara* erschienen. Von den Ureinwohnern vom Stamme der Aljawara leben noch etwa 500 bis 600. Ihre Sprache ist das Arandik-aljawara. Sie leben im Osten der Zentralwüste Australiens am Nash-See, an der Grenze zu Queensland in den McDonalds Downs und im Warrabiri-Reservat. Dieser Stamm führt noch ein traditionelles Wanderleben als Jäger und Sammler, und nur ganz selten treibt es die jungen Aljawara als Stockmen auf irgendwelche Cattlestations.

Diese Ureinwohner üben noch immer totemistische Kulte aus. Von den Stämmen der anderen australischen Ureinwohner unterscheiden sich die Aljawara durch die Bestattung ihrer Versorbenen. Sie betten also die Toten nicht in ein Nest auf einer Baumplattform. – Phil McArthur hatte die drei jungen Aljawara-Krieger nach Hause geschickt. Was sie murmelten, als die den Vorhof der Farm verließen, konnte auch Alligator-Joe nicht verstehen, aber er konnte in ihren Gesichtern lesen und ihre Augen verrieten ihm mehr als ihm lieb war. Diese dunklen Augen sehen aus, als schwämmen sie in einem gelben, tiefen See. Die drei Burschen hatten den Stamm verlassen und gegen ein Tabu der Alten verstoßen. Ihnen war untersagt worden, bei dem Farmer McArthur zu arbeiten. Trotzdem hatten sie das Verbot mißachtet und waren losgezogen, tagelang gewandert, hatten dem Stamm den Rücken gekehrt.

Unterwegs hatten sie ein Emu gejagt. Sie hatten ein Wasser-

loch gegraben und geduldig gewartet, bis der schnelle Renner nach langer Wartezeit endlich erschienen war. Mit einer Schleuder wirbelten sie den Speer dem Tier in den Leib. Das Emufleisch schmeckte ihnen vorzüglich und eigentlich war es ein gutes Zeichen für ihr Vorhaben und ihre Zukunft, die sie sich als Stockmen auf einer Cattle wünschten. Am nächsten Tag ging es weiter durch die Einöde über Spinifexgras und die wenigen Bäume boten kaum Schutz vor der mörderischen Hitze. Sicher hätte der Stamm gern etwas abbekommen, das Emu bot genügend Fleisch. Dies ging dem jungen Aljawara durch den Kopf, als sie endlich bei Peter McArthur anlangten. Das Gespräch mit ihm verlief erfolglos und kurz. Eine ohnmächtige Wut gegen den weißen Mann stieg in den hitzigen jungen Männern auf. Wir bekommen einfach keine Chance, warum müssen gerade wir vor uns hinvegetieren, die Zahl der Unseren wird immer kleiner, das Leben immer schwieriger und die Farmer nehmen uns noch die letzte Grundlage, die wir zur Existenz benötigen. Es war schon immer unser Land und hier, wo dieser McArthur sich breit gemacht hat mit seinem Vieh, konnten wir früher jagen und uns frei bewegen. Die Alten wollen Ruhe, weil ihre Glieder müde sind, ihr Kopf ist schwer, sie sind nicht imstande zu kämpfen. Aber wir sind jung und diesem Dickschädel werden wir's schon zeigen!
Den ganzen Tag über lagen sie im Verborgenen und beobachteten das Treiben auf der Cattlestation. Sie kauen auf einem Tabakpriem herum und wundern sich, was vor ihren Augen den Tag über alles passiert. Da sind als erstes einmal die Cattledogs. Diese wachsamen kleinen struppigen Hunde, die wir als Deutsche wohl mit dem Schimpfwort „Straßenköter" betiteln würden. Ihre Farbe ist grau, braun oder das Gelb der Dingos. Wegen diesen wachsamen kleinen Burschen mußten sich die drei Aborigines viel weiter von der Farm entfernt aufhalten, als ihnen lieb war. Und dann der Farmer und seine Stockmen, die ständig mit irgendeiner Arbeit beschäftigt waren und mit ihren Pferden davonritten, in verschiedene Richtungen. Ab und zu sahen sie die weiße Frau und die drei blonden Kinder auf der Terrasse des Hauptgebäudes erscheinen, wo man vor der mörderischen Sonne noch am besten ge-

schützt war.
McArthur hatte an diesem Tag viel vor. Seine ganze Mannschaft mußte dabei mithelfen. Seit Wochen waren sie schon damit beschäftigt, die Herde zu sortieren für das diesjährige „Round-up". Es ist knochenharte Arbeit, den ganzen Tag auf dem Pferd zu verbringen, den einzigen Schatten bietet der weitkrempige Hut auf dem Kopf und wenn man nach solch einem Tag nach Hause kommt, freut man sich, endlich die Beine ausstrecken zu können und das erste, was man tut, ist eine Dose Bier aufreißen und in einem Zug den Inhalt in sich hineinspülen. Das wollten sie alle tun, als sie wie vom Teufel geritten nach Hause kamen. Auf dem Farmgelände war eine Totenstille. Kein Laut drang von der Terrasse, wo sonst die Kinder ausgelassen herumtollten. Kein Hund kam ihnen entgegen und die vier Cattledogs, die den ganzen Tag gearbeitet hatten, benahmen sich wie tollgewordene Bestien. Was war hier geschehen? Irgend etwas war auf der Farm passiert während ihrer Abwesenheit und als sie die Terrasse betraten, sahen die Männer das Blutbad. Aligator Joe suchte den Farmer zurückzuhalten, doch der sonst so gefaßte Mann verlor die Nerven. Er sank auf die Knie in all das Blut, das von tausend Fliegen übersät war, von seiner Frau und den drei Kindern – eine schreckliche Szene, die keiner, der sie sah, je vergessen kann. Wer tut so etwas, wer ermordet eine Frau und unschuldige Kinder?
Sofort gab es einen Verdacht, der auch ausgesprochen wurde. „Das waren Aborigines", das waren bestimmt die drei Burschen, die der Farmer nicht eingestellt hatte am frühen Morgen. War ihre Rache, ihre Wut wirklich so groß, daß diese Menschen deswegen sterben mußten? Als das Gelände abgesucht wurde, fand man noch die drei furchtbar zugerichteten Leichen der Haushunde. Die Stockmen wußten, daß es schwierig sein wird, die Eingeborenen im Niemandsland zu finden, doch sie wußten auch, daß ein Stamm der Aljawaras an einem Wasserloch, einen Tagesritt von der Farm entfernt in nordöstlicher Richtung lebt. Ihr Lager besteht aus kleinen Feuerstellen mit hellem Sand eingefaßt, die als Schlaf- und Sitzgelegenheit dient. Buschwerk, um das Lager herum auf-

gebaut, dient als Windschutz. Der Stamm wird von den Ältesten geführt und mit diesen wollten sich die Stockmen einmal unterhalten. Gleichzeitig konnte man auf dem Weg dorthin die Spuren im Sand verfolgen, nach Zeichen suchen über den möglichen Fluchtweg der drei Mörder.
Spät am Nachmittag sehen die Männer plötzlich in der Sandwüste vor sich Eingeborene. Sie kommen ihnen entgegen, die Begrüßung ist feierlich und dauert endlos lang. Sie haben den ganzen Körper mit Blutstreifen bemalt, die von der Brust bis zu den Knien laufen. Auf die dunkelroten Streifen wurden Daunenfedern geklebt. Auch das ganze Gesicht ist mit blutigen Daunen bedeckt, nur der schwarze Bart und die blitzenden Augen sind frei. Sie haben ihr Lager unter einer Eukalyptusbaumgruppe an dem vermuteten Wasserloch aufgeschlagen und hinter den Windschirmen aus Zweigen und Baumrinde sitzen die Ältesten der Horde. Noch einmal werden die Stockmen des Peter McArthur begrüßt. Um das Feuer liegen Schlangen und Beutelratten und die Männer werden zum Essen eingeladen. Der Stamm bereitet gerade eine Corroboree vor.
Ein Emutanz soll die guten Geister freundlich stimmen, damit sie mehr Emus in das Jagdgebiet der Eingeborenen senden. Jeder Tanz ist ein Sinnbild für wichtige Ereignisse im Leben der Eingeborenen. So gibt es Tänze, die Regen bringen sollen oder Glück bei der Känguruhjagd. Andere sollen Tod und Krankheit abwenden und von einem anderen Tanz erhofft man sich die Hilfe der Geister bei Rachezügen gegen Feinde. Die Emutänzer tragen einen rot-weißen Kopfputz, der aussieht wie eine Kochmütze, doch ist er rot und hat eine Quaste daran. Um die Knöchel haben sich die Männer Büschel von Eukalyptusblättern gebunden und bei jedem Schritt raschelt dieser Blattschmuck. Ein alter Mann, dessen ganzer Oberkörper mit Blutfedern beklebt ist, führt die Tänzer an. Er stampft mit beiden Füßen den roten Wüstenboden, dreht sich langsam herum und schwingt dabei seinen langen Speer. Die Gruppe folgt genau seinen Bewegungen. Jeder hält einen Zauberstab zwischen beiden Händen. Der Rhythmus wird immer heftiger und schneller, wie ein heiseres Bellen klingt

der Gesang der am Boden hockenden Männer und Frauen. Ein wildes, farbenprächtiges Bild. Neue Tänzer springen in den Kreis und beim flackernden Feuerschein sehen ihre gekalkten Körper aus wie tanzende Gerippe.
Grundlage des Glaubens der Eingeborenen ist die Traumzeit, eine endlose Periode, die sich aus der vorgeschichtlichen Vergangenheit bis zur Gegenwart erstreckt. In dieser Traumzeit wird die Wüste von Känguruhs, Opossum und der Wasserschlange bevölkert. Diese Totems hinterließen an heiligen Plätzen ihre Kraft und aus dieser Kraft schöpfen die Aborigines bis zu dem heutigen Tag und glauben daran, daß sie beschützt leben können. Wie ein Spinnennetz durchziehen die Spuren dieser Traumzeit die Wüste kreuz und quer. Die wichtigste Kulthandlung ist die Beschneidung. Am Tage der Beschneidung dürfen die Frauen nicht dabeisein und sitzen abseits des Lagers. Die Männer singen die Lieder vom Traumzeitkänguruh und an diese Lieder schließen sich dann die Tänze an. Die Körper werden mit Holzkohle und Ocker bemalt und mit Blut beträufelt. Gegen Sonnenuntergang nähert sich die Feier ihrem Höhepunkt. Dann werden riesige Feuer angezündet und die Initianden werden nackt herangebracht und auf die gebeugten Rücken der Ältesten gelegt. – Ein alter bärtiger Mann tritt auf die Gruppe der Cowboys zu, bittet sie, außerhalb des Lagers bei den Frauen zu bleiben. Hier dürfen sie nicht zuschauen.
Bei der Gruppe der Frauen angelangt, spricht der alte Mann zu ihnen und sie alle waren erstaunt, als er ohne Umschweife von den drei jungen Aljawaras erzählt, die seinen Stamm vor 3 Monden verlassen hatten, um bei dem weißen Mann auf der Cattlestation Arbeit zu finden. Und der alte Mann wußte von der Tat, ohne daß die Stockmen darüber berichtet hatten. Es war für sie unfaßbar, denn zu Fuß konnten die drei Mörder unmöglich schon hier gewesen sein. Ein mächtiger Zauber hatte dem alten Schamanen die Wahnsinnstat mitgeteilt. Heute nacht wird der alte Mann einen Fluch über die drei verhängen. Der Fluch wird sie erreichen, ganz gleich, wo sie sich aufhalten und wo sie hinflüchten werden. Sie können nicht mehr bei ihrem Stamm leben und hat sie der Fluch er-

reicht, werden sie sterben – sterben, ohne daß irgend ein Mensch Hand an sie legen wird. „Doch bitte ich Euch“, so sprach der alte, weißbärtige Mann, „laßt mein Volk hier in Ruhe, rächt Euch nicht an Unschuldigen, denn sie haben Euch und Eurem Herrn nichts getan. Ihr werdet die drei Leichen der tollwütigen Mörder finden. Geht und berichtet es Peter McArthur, Eurem Herrn“.

Nur wer in diesem Land gelebt hat, nur wer die Riten der Aboriginal kennt, weiß, daß die Worte wahr sind, die der alte Mann gesprochen hatte. Als sie auf ihren Pferden saßen und den Rückweg antraten, war ihnen trotzdem unheimlich. – Einige Männer der Aljawaras deckten gerade ein paar frische belaubte Zweige über ein lichterloh brennendes Feuer. Ein dicker, blauschwarzer Rauch stieg auf und dann springen 4, 5 Jungen in die Glut, wälzen sich zwischen den aufzüngelnden Flammen und dem beißenden Rauch mit schwerzverzerrten Gesichtern. Sie hatten im Davonreiten die Feuerprobe erlebt. Bevor die eingeborenen Jünglinge in die Gruppe der Männer aufgenommen werden, müssen sie eine Reihe von Prüfungen bestehen, die Feuerprobe ist die letzte und schwerste.

Alligator-Joe zündet sich eine neue Zigarette an, reißt eine Büchse Bier auf, trinkt einen Schluck und sein Gesicht wirkt müde. Es war eine lange Geschichte und sie ist noch nicht zu Ende, doch das Ende ist schnell erzählt. Es verging eine Woche, als die Reiter bei ihrer täglichen Arbeit drei Leichen entdeckten, in deren Gesichtern Todesangst zu lesen war. Man fand keinerlei Spuren, die auf eine Gewalttat hinwiesen. Der mächtige Zauber hatte die drei Mörder eingeholt und vernichtet – der Name hierfür ist „bone-pointing“.

24

Heutiges Ziel ist Mt. Isa. Danach werden wir das 1 736 595 km² große Gebiet, auf dem 2 121 900 Menschen leben, verlassen. Das Bundesland Queensland, ein Viertel des australischen Kontinents, ist das einzige Bundesland, das ganz in der tropischen bzw. subtropischen Zone liegt. Queensland ist

reich an Bodenschätzen und die Bergbauindustrie hat einen beachtlichen Aufschwung genommen. Die Eröffnung der Steinkohlebergwerke von Moura-Kianga eröffnete den Markt für Kohlenexporte nach Japan, die reichen Kupfervorkommen von Mount Isa machen neue und reiche Reserven eines Minerals das Kupfer, Blei und Zink enthält, zugänglich, während eine Kupferraffinerie in Townsville errichtet wurde. Im äußersten Norden Queenslands baut man die reichen Bauxitlager von Wypa auf der Halbinsel von Cap York ab und in Gladstone, dem Hafen für die Steinkohlegebiete von Moura-Kianga entstand ein Aluminiumwerk. Nicht weit von Mt. Isa, das wir am Abend ereichen wollen, hat man beachtliche Phosphatlager entdeckt. Es ist das einer der Rohstoffe, die man bisher in Australien nicht gefunden hatte.
Es ist wie ein Wunder, wenn man nach solch langen Fahrten durch die Einsamkeit der Wüsten und Steppen endlich wieder in eine Stadt kommt, wenn diese Stadt auch nur zum Großteil aus Wohnwagen besteht, schnell errichteten Häusern, wie dies an solchen Orten in Australien üblich geworden ist – einer Kirche und einem Shopping-Center. Die Hauptstraße erkennt man daran, daß hier gleich 3, 4 Pubs zu finden sind. Die Menschen, die hierher kamen und sich ansiedelten am Laichhardt River, hatten keinen anderen Gedanken, als in der Mine zu arbeiten und viel Geld zu verdienen. Für die Abwechslung sorgen die zahlreichen Pubs. Wie überall gibt es einen Club für die jungen Leute, ein Autokino und ein paar Sportclubs. Ich denke mir, etwas wenig, um hier alt zu werden; gleichzeitig weiß ich sofort, daß ich hier niemals leben könnte. Über der Stadt auf einem kleinen Hügel thront wie ein schwarzes Ungeheuer die Maschinerie der Minenanlage. Sie ernährt, sie füttert die Bürger Mt. Isas wie brave Sklaven und sie sind dankbar für den Reichtum, der jedem Einzelnen ein Auto, einen Farbfernseher, eine Gefriertruhe und eine Klimaanlage beschert hat. Ohne all diese Dinge würde man es wohl hier auch nicht aushalten.
Mt. Isa verfügt, wie alle Städte des 5. Kontinents über eine eigene Rundfunk- und Fernsehstation. Dies ist auch wegen der großen Entfernungen zwischen den einzelnen Städten nicht

anders möglich. Viele nachdenkliche Australier ziehen die Förderung der Bodenschätze den weidenden Schafen und Rindern vor und hoffen, daß in naher Zukunft diese neuen Industrien die Weidekulturen ersetzen. Dies, so meinen sie, würde das Erosionsproblem lösen und die wunderschöne, einzigartige Landschaft davor bewahren, zu einer künstlichen, von Menschenhand geschaffenen Wüste zu werden. Uns mag es widersinnig erscheinen, daß sich die Wirtschaft des Landes mit der ungewöhnlichsten Fauna der Welt, Känguruhs und Wallabys, des merkwürdigen eierlegenden Säugetiere Schnabeltier und Ameisenbär bis zur Mitte der 60er Jahre auf das wolleproduzierende und natürlich auch eßbare Schaf stützte.

25

Vergleicht man Australien mit Europa, so liegt der Unterschied wohl darin, daß im 5. Kontinent fast alles aus der Gegenwart stammt und verschwindend wenig aus der Vergangenheit. Dieses Land mit der ungewöhnlichen Geographie hat nur eine höchst magere Geschichte. Als sich Goethe in Rom aufhielt und sich von der Muse küssen ließ, kamen die ersten europäischen Siedler 1788 in ein Land, das keine Spuren oder auch nur Reste irgendeiner Zivilisation aufwies. Doch selbst hier, in Mt. Isa, einer für unsere Verhältnisse kleinen Stadt, gab es wieder nur am Rande – ein paar Notunterkünfte, aus Ästen und weggeworfenen alten Blechen gebaute Hütten – Aborigines, die man einfach nicht zur Gesellschaft zählen möchte und diese Aborigines sind doch mit ihrer Vergangenheit in der Geschichte Australiens die einzige Zivilisation, auf die man verweisen kann.
Mit ihren Zeichnungen in rot und gelb, aus weißem Lehm und Holzkohle an den Wänden der Höhlen und Felsen, die Umrisse von Geistergestalten und Tieren in den Stein flacher Felsen gemeißelt und gemalt. Doch das, was Forscher suchen, um vergangene Kulturen festzustellen, sind elementare Bauwerke, Häuser und nicht das Wurly, ein Windschutz aus

Ästen und Zweigen, die Unterkunft der Aborigines. Sie fanden keine Gärten, die auf eine Spur von Landwirtschaft hingewiesen hätten und es gab auch keine Tiere, die man vor den Pflug gespannt hatte, so gab es nicht die Erfindung des Rades, die Aborigines hatten höchstens einen Holzklotz ausgehöhlt, der als Boot diente. Das einzige Überbleibsel, das die Besatzung der First Fleet mit ihren britischen Strafgefangenen an der Stelle fand, die man heute Sydney nennt, war ein Metallzinnteller und den hatten holländische Entdecker hundert Jahre zuvor an der Küste Westaustraliens zurückgelassen.
Man kann nirgendwo besser Australier kennenlernen und ihren Gesprächen lauschen als in den urigen Pubs. Ein Pub besteht aus einer Marathontheke, unzähligen Zapfhähnen und flinken Wirten und Angestellten, die ununterbrochen damit beschäftigt sind, Bier zu zapfen. Auch ich bestelle mir einen Pot, zünde umständlich meine Maiskolbenpfeife an und beobachte dabei die Figuren um mich herum. Beginne ich ein Gespräch und man merkt an meinem „Hick-hack-englisch", daß ich Deutscher bin, brauche ich oft nicht mehr viel zu reden und meine Gegenüber erzählen mir die Geschichten, die ich so liebe und die meist in keinem Reiseführer zu finden sind.
Der speckige Endvierziger in weißem Hemd und kurzen Hosen, der Natrionaltracht der Australier, fragte mich zuerst, ob mir klar wäre, daß Australien 30 mal größer ist als die Bundesrepublik. In qkm würde das 7,7 Millionen bedeuten. Und so hat man die ersten Australienforscher wie Charles Todd, John McDull Stuart und sogar zwei Deutsche namens Müller und Herrgott nicht vergessen. Am 24. Juni 1862, nach 9 Monaten schwerster körperlicher Strapaze, hatte Charles Todd zum ersten Mal den australischen Kontinent in seiner ganzen Breite durchquert. Dies bedeutete eine Strecke von mehr als 3000 km. Die heutigen Forscher haben es bequemer. Sie brauchen keine Kamele. Wer es ganz eilig hat, kann mit dem Flugzeug in einer Woche den ganzen Kontinent von oben her besichtigen und so schien es mir beinahe unmöglich, als ich erfuhr, daß im Jahre 1956, einem grausamen Sommer der den Farmern hunderttausend kostbare Rinder und Schafe raubte,

ein Eingeborenenstamm entdeckt wurde, von dem man noch nie etwas gehört hatte.
Als damals die letzten Zisternen zu versiegen drohten, fand man in der trostlosen Landschaft der Gibsonwüste im Herzen Australiens ein Dorf von Ureinwohnern, deren Zahl mit 400 gemeldet wurde. Die grausame Hitze hatte auch ihre wenigen Wasserlöcher ausgetrocknet. Die jagbaren Tiere, das Känguruh und das Emu waren fortgezogen und die Ältesten hatten die vier kräftigsten Männer des Stammes auserkoren, um Hilfe bei den Weißen zu holen. Sie wußten von anderen Horden – die schon längst mit der Außenwelt in Verbindung standen – von der Existenz jenes hellhäutigen Wesens, das schon beinahe einem *Navimbarra* gleichkam. In der Eingeborenensprache bedeutet dies „Gott". Sie hatten es all die Jahre vermieden, mit dem weißen Mann zusammenzutreffen. Der Durst, der Hunger, die Angst vor dem Sterben trieb sie aus ihrer Isolation.
So wurde das Volk der *Pintubi* entdeckt, von dem bis zum damaligen Zeitpunkt noch niemand etwas gehört hatte. Die Regierung versuchte, nach und nach die Pintubis in Herrmannsburg, der deutschen Mission Nahe Alice Springs einzugewöhnen, doch nachdem die kräftig genug waren, trieb es den Stamm wieder hinaus in die Wildnis. Der Dicke mir gegenüber konnte dies nicht verstehen. Wir verstehen so vieles nicht, mein Freund. Wenn ich Dir erzähle, daß Deutschland, wie wir vorhin bemerkten, 30 mal kleiner ist als Australien, ca. 69 Millionen Menschen leben, so könnt ihr Australier euch das doch überhaupt nicht vorstellen. Und wenn ich wiederum mir vorstellen soll, mein restliches Leben hier in Mt. Isa zu verbringen, wo man nichts weiter machen kann als in einer Dreckmine zu arbeiten, keine gescheite Vegetation ist, fällt dies mir wohl genauso schwer. Und wenn ein Stamm der schwarzen Ureinwohner Australiens so leben möchte, wie ihre Vorväter, sollte man sie dies tun lassen. Sie haben sich eigene Gesetze geschaffen und ihre Fähigkeiten zu existieren und zu überleben, sind den unseren weit überlegen.
Wüste, Steppe, Tropenwälder, Strände, eine Vielzahl unberührter Natur. Dagegen wirken Minenorte wie Mt. Isa so

häßlich und kalt wie ein Roboter in einem Treibhaus voller herrlich blühender Orchideen. Doch die Zeit der Moderne hat Einzug genommen auch in Australien und sie ist notwendig für das Land. Für das Auge ist es grausam, doch in diesem mächtigen Land ist es nur eine kleine Stecknadel auf der Landkarte, die ich am nächsten Morgen aufgeschlagen habe, bevor es weiter geht nach Tennant Creek.
Und wieder sitze ich im Bus, schau aus dem Fenster und das australische Buschland liegt wie tot in der Sonnenhitze. Es geht kein Wind, das Spinnifexgras wirkt sowieso wie ausgetrocknet und eine Sensation ist der bottle-tree, auf deutsch Flaschenbaum, dessen Stamm tatsächlich die Form einer Flasche hat und auf dem Flaschenhals wachsen kräftige Äste. Auf mich macht die Landschaft einen Eindruck wie eine surrealistische Bühnendekoration eines avantgardistischen Regisseurs. Wenn wir uns hier darüber freuen, einen komischen Baum zu entdecken, wie erstaunt waren wohl die ersten Siedler, die hinter den Uferdünen dichten, undurchdringlichen Wald vorfanden. Für diese Leute war es eine harte Zeit. Der Wald mit seinen gewaltigen, jahrhundertealten Bäumen mußte gerodet, die erste Saat mühsam in die Erde gebracht werden. Tatsächlich gibt es heute noch in den Urwäldern Australiens hundert Meter hohe Karribäume. Bei solch einem Baumbestand kann man sich vorstellen, wie schwer die ersten Siedler arbeiten mußten.
Solch einen Urwald galt es auch zu roden, als die ersten Weißen um 1830 ihre Schiffe im Hafen von Perth festmachten und daran gingen, den dichten Urwald zu roden und bei dieser Arbeit nicht mit den Eingeborenen rechneten. Als der Wald gerodet war, erlebte man Rückschläge durch Dürren und die Aborigines kämpften unter der Führung eines jungen Australnegers namens Yagan. Immer wieder führte Yagan sein Volk gegen die weißen Eindringlinge. Von den Farmern wurde Yagan geachtet, er war ein anständiger Gegner und verteidigte schließlich nur sein Land. Im Jahr 1830 griff Yagan mit allen seinen Leuten die junge Siedlung Perth an. Nach einem harten langen Kampf wurde der Angriff blutig abgeschlagen. Die Überlebenden und ihr Führer zogen sich in

den Busch zurück.
Bei der Nahrungsbeschaffung traf Yagan eines Tages zwei Weiße im Busch, die ohne Wasser und Nahrung waren. Er tötete sie nicht, obwohl sie seine Todfeinde waren und teilte sein Essen mit ihnen. Yagan war berühmt, die beiden Weißen kannten ihn. Einer der beiden zog plötzlich die Pistole und erschoß ihn. Der Mörder und sein Begleiter, die ohne die Hilfe der Schwarzen im Busch verhungert wären, wurden von der kleinen Horde wegen des sinnlosen Todes ihres Anführers niedergemacht. Als bekannt wurde, wie Yagan ums Leben gekommen war, waren sogar die anständigen Weißen betroffen. Der junge Aboriginalführer hatte das Gesetz des Busches, Hilfe zu leisten, wenn ein Mensch verdurstet, gehalten – der Weiße nicht.

26

Wir sind eine Wochenreise von diesem Ort entfernt, bewegen uns schon eine ganze Weile auf dem Gebiet der Northern Territories. Im Nordterritorium, einem Gebiet von 1 347 525 km², leben nur 100 000 Einwohner. Nehmen wir einmal die Entfernung zwischen dem nördlichsten und dem südlichsten Punkt, so entspricht sie der Distanz zwischen den Städten London und Lissabon. Das Nordterritorium wurde erst am 1. Juli 1978 selbständig. Damit nahm die 67 Jahre dauernde Verwaltung des Territoriums durch die Hauptstadt Australiens, Canberra, ein Ende.
Am Produktionswert gemessen ist der Bergbau der wichtigste Industriezweig in diesem Bundesland. Die wertvollsten Mineralien sind Mangan, Kupfer, Gold, Wismut und Bauxit, andere sind Zinn, Silber, Blei und Zink. So sind wir unterwegs auf einer Strecke von 640 km von der kleinen Minenstadt Mt. Isa in Queensland zur andern, Tennant Creek im Northern Territory. Und ist Mt. Isa für 5 Mineralvorkommen gut, so kann der kleine Ort Tennant Creek nur 2 aufweisen, Kupfer und Gold. Ich muß gestehen, daß solche Industrieorte auf mich keine besondere Ausstrahlung ausüben.

War Mt. Isa für mich schon kein Hit, so erhoffte ich mir erst recht keine große Überraschung in Tennant Creek.
Für Bill, unseren Fahrer galt es, die Strecke zu meistern, und immer häufiger sahen wir Känguruhs. Hier in dieser menschenleeren Gegend sind sie gar nicht scheu, dafür sehr neugierig. Haben sie erst einmal 20, 30 m zwischen sich und den dicken Staub aufwirbelnden Bus gebracht, so schauen sie uns in aller Ruhe zu und wie komisch mögen wir wohl für sie aussehen in dem staubbedeckten Kasten mit den kleinen Fenstern, hinter denen wir winken und rufen. Als hätten die Känguruhs Interesse daran, mit uns nun Kaffe zu trinken oder als gälte es, eine verdammt wichtige Verabredung einzuhalten, so gebärden wir uns beim Anblick der Tiere. Känguruhs sind seltsame Tiere. Für uns genauso ungefährlich wie ein Feldhase, vollkommen harmlos, als wären sie anscheinend ein bißchen dumm. Aber was uns Menschen dumm zu sein scheint, braucht deshalb nicht wirklich dumm zu sein. Die Farbe ihres Felles ist verschieden, es paßt sich der Umgebung an, in der sie leben. Känguruhs sind gesellige Tiere, sie fühlen sich anscheinend allein nicht wohl; 30 oder 40 Tiere in einer Herde sind keine Seltenheit. Eine solche Herde wird von einem „Oldman", einem alten Männchen angeführt, dem die anderen Tiere blindlings folgen.

27

Am Nachmittag haben wir sogar noch das Glück, Emus zu sehen. Die Tiere heben die Köpfe und schauen zu uns herüber, sie laufen nicht weg. Emus sind große schwere Vögel, die wie die Känguruhs keinem Menschen etwas zuleide tun. Den Farmern machen sie aber oft sehr viel Kopfzerbrechen. In einer Dürrezeit fallen sie sehr oft über Weizenfelder her und was die Riesenvögel nicht fressen, das trampeln sie mit ihren kräftigen Beinen und großen Füßen nieder.
Einem Naturfreund kann eine solche Emujagd, wie sie in Australien immer wieder geschildert wird, keine Freude machen. Die Tiere fliehen nicht, sondern kommen, besonders

wenn man mit einem bunten Lappen winkt, ganz nahe an die Jäger heran. Ihre wahnwitzige Neugier wird ihnen dann zum Verhängnis. Die aufgebrachten Farmer erschlagen die neugierigen Gesellen reihenweise mit Knüppeln und im Norden erzählt man sich, daß sogar Soldaten zur Emubekämpfung schon eingesetzt wurden. Da war die Emuplage so stark, daß sich die Farmer einfach nicht mehr zu helfen wußten. Sie forderten Militär an. Mit Maschinengewehren wurden die Tiere vom fahrenden Auto aus getötet.
Das Fleisch der Emus ist bei den Australnegern sehr beliebt. Sie haben früher dafür gesorgt, daß der Vogel nicht zur Landplage wurde. Aber die Weißen drängten die Ureinwohner immer weiter ins Innere zurück und die Emus konnten sich, jedenfalls am Anfang, unbeschränkt vermehren. Sie waren schön anzusehen und für mich eine willkommene Abwechslung, an diesem Tage meine Fotos der Tierwelt Australiens zu vervollständigen. Dabei wurde die schon erwähnte Neugier der Vögel beinahe für mich selbst zum Verhängnis. Hatte ich doch in meinem Eifer nicht bemerkt, wie ein australischer Vogel Strauß versuchte, mit seinem Schnabel mein Objektiv zu zerschmettern. Ein Schrei von Traudl ließ den Vogel in seinem Vorhaben innehalten. Als ich die Kamera vom Auge nahm merkte ich erst, wie dicht das Tier vor mir stand, Gott sei Dank war nichts geschehen! Ich hätte über 1000 km fahren müssen, um mir eine neue Ausrüstung kaufen zu können, hätte der Vogel wirklich zugeschlagen.

28

Es ist schon dunkel, als wir am Abend Tennant Creek erreicht haben. Bill macht es möglich, daß wir auf dem Flur über einem Pub schlafen können. Die Zimmer sind alle belegt und uns macht es nichts aus, auf dem Bretterboden vor den Hotelzimmern zu schlafen. Bevor mir die Augen zufallen, gehen mir Geschichten von Jack London durch den Kopf. Eins seiner wunderschönen Bücher heißt „Goldrausch“ und erzählt von rauhen Burschen, die nach Alaska gekommen waren, um

hier am Clondike ihr Glück zu suchen.
In Tennant Creek wird das Gold maschinell gefördert, doch es gab auch hier in Australien einen Goldrausch. Es gibt Geschichten von märchenhaften Funden und Männern, die mit schweren Säcken, prall gefüllt mit den gelben, glänzenden Klumpen, in der Wüste verdursteten. Im Jahre 1893 suchten 2 Goldsucher namens Hannan und Flannigan ihre Pferde, die ihnen in der Nacht ausgerissen waren. Beim Herumklettern in den Felsen stießen sie mit den Füßen ein paar Brocken des Gesteins herunter und was da auf dem Boden lag, war ein Millionenvermögen. So wurden die Goldfelder von Kalgoorli entdeckt. Ein paar Jahre später stand hier schon eine Stadt aus Zelten, Wellblechbuden und Kneipen. Damals war der Whisky nicht viel teurer als Wasser. Der Goldrausch begann. Rauhe Manieren und viel Whisky hinderten die Burschen nicht daran, ihre eigenen Gesetze einzuhalten. Es herrschte Ordnung auf den Goldfeldern. So weiß man, daß in den Safes der Goldgräber Beutel voll Gold unverschlossen lagen. Die Gesetze, die sich die Männer selbst gegeben hatten, waren hart, aber gerecht. Stahl einer Gold aus einem Zelt, so wurde er zum Tode verurteilt und gehängt. Der größte Goldklumpen, der in Australien gefunden wurde, wog über 5 Zentner. Eines Morgens merkte ein einsamer Goldgräber zu seinem Schrecken, daß ihm seine Wasserflasche ausgelaufen war, die an einem Baum hing. Sicher ist der arme Kerl dann aber gesprungen wie ein Känguruh als er feststellte, daß das Wasser einen 2 kg schweren Goldklumpen unter dem Baum freigewaschen hatte!
Tennant Creek ist ein kleines unscheinbares Örtchen und so recht mag einem der Vergleich in alten Geschichten aus den früheren Goldgräberstädten nicht mehr gelingen. Noch immer stehen hier die Häuser aus der Gründerzeit, doch die überbauten Fußgängerwege sind so typisch nach Westernart, und würden keine Autos durch die staubigen Straßen fahren, und der flüchtige Besucher säße im Pub und gäbe sich damit zufrieden, nur die Bewohner zu beschreiben, könnte man es ganz schnell abhandeln und sagen: genau wie vor 100 Jahren. Die jungen Männer tragen auch wieder die verwegenen Er-

obererbärte, sie tragen einfache Hosen und Hemden und der Hut darf nicht fehlen. Hart arbeitende Typen, wetterzerfurchte Gesichter, Männer genau wie vor 100 Jahren.
Doch über die Technik dürfen wir nicht hinwegsehen und daß die Minenunternehmer für ihre Leute kleine Siedlungen gebaut haben mit Klimaanlage und dem nötigen Komfort, gehört eben zu unserer heutigen Zeit. Ich könnte mir vorstellen, hier hätte ich leicht Arbeit finden können. Es gibt viel Arbeit für so wenig Hände. In den Straßen vor den Stufen der Banken und vor den Pubs hängen kleine Gruppen verwahrloster Eingeborener herum. Es gibt eine Arztpraxis im Ort und vor dem kleinen weißen, lang hingestreckten Bau steht eine Aboriginalmutter mit ihrem Kind, beide sind spindeldürr und die von der Wohlfahrt gespendeten Kleider hängen an ihnen wie auf hölzernen Kleiderbügeln.

29

Mit keinem der schwarzen Menschen ist ein Gespräch zu knüpfen. Angstvolle, scheue Augen weichen sofort aus. Hinter dem Supermarkt steht eine andere Gruppe. Sie haben für die 15 Dollar Unterstützung, die auch die Eingeborenen bekommen, Lebensmittel gekauft, Pappkartons vollgepackt und ich sehe auch viel unnötiges Zeug darunter, obenauf ein Baseball. Was ist wichtiger, Lebensmittel oder ein Spielzeug? Ich denke, das Spielzeug ist wohl genauso wichtig, doch in diesem Land geht es tagtäglich ums Überleben. Ein weißer Stockman, den Hut ins Genick geschoben, stützt sich lässig mit der linken Hand an die brüchige Hauswand des Supermarktes und verhandelt mit einer kräftigen Eingeborenenschönheit. Auf der anderen Seite der Straße sitzen ein paar alte verhutzelte Ureinwohner und rauchen an ihrer filterlosen Zigarette, bis sie sie nur noch mit spitzen Fingern festhalten können. Auch dieses kleine letzte Stück wird geraucht, gibt ihnen Befriedigung.
Man hat ihnen Kleidung gegeben, man hat ihnen Geld gegeben, sie können Lebensmittel kaufen, Rauchwaren, Alkohol,

all die Dinge, die der Supermarkt vollgestopft in seinen Regalen hat, doch man hat noch nicht einmal den Versuch gemacht, sie zu verstehen. Ich denke an 2 Meldungen aus dem „Sydney Morning Harold", die eine vom 6. November 1973. Unter der Überschrift „Anwalt unterstützt Eingeborene". Ein renommierter Rechtsanwalt aus Sydney, Mister Neil Makkerras hat seine 60 000-Dollar-Praxis aufgegeben, um als Anwalt für die Eingeborenen in Moree tätig zu werden. Seine neue Stellung wird ihm nur 16 000 Dollar im Jahr einbringen. Der „Advertiser" berichtete am Donnerstag, dem 8. Nov. 1973 „Aboriginal verriet Knaben Mannesriten". Es wird erzählt, wenn ein Aboriginal einem noch nicht eingeweihten Knaben die geheimen Stammes- und Mannesriten verrät, liefert er sich damit der Rache der Stammesväter aus. So wurde es am vorherigen Tag vor dem obersten Gerichtshof ausgesagt. Über diese Riten zu sprechen ist den Eingeweihten strengstens verboten. Eine frühere Zeugenaussage berichtet, daß sich ein Aboriginal durch Verbreitung dieser Geheimnisse vor Frauen und Knaben in Todesgefahr begeben hat. Der Mann hatte geheime Worte ausgesprochen und heilige Zeichen demonstriert, die zum Initiationsritus der *Pitjantjara* gehören.

Vor Gericht stand der 19jährige Harry Gibson von der Jalatamission, westlich von Ceduna unter der Anklage, am 10. August dieses Jahres den 45jährigen Georg Stewart in der Mission ermordet zu haben. Gibson, der nach Stammesgesetz noch ein Knabe ist und Stewart, ein *Wati* (Aboriginalmann) gehören beide dem Pitjantjarastamm an. Die Zeugen berichten, daß Gibson Stewart mit der Keule niederschlug, nachdem dieser ihm Stammesgeheimnisse verraten hatte. Während der Verhandlung wurde Stewart von den Aboriginesszeugen nur als „der Kerl, der fertiggemacht worden ist" bezeichnet. Senior Assistant Crown Prosecutor gab an, daß die Zeugen den Namen Stewart weder hören, noch erwähnen wollten. Weiterhin wurde ausgesagt, daß die Stammesältesten Stewart, wenn er seinen Verletzungen nicht erlegen wäre, wegen der Verbreitung von Geheimnissen getötet hätten. Der weiße Mann richtet nach seinem Gesetz.

Am Anfang, während der Schöpfungsperiode, die von den heutigen australischen Ureinwohnern „Traumzeit" oder „Traum" genannt werden, fanden übernatürliche Wesen, schöpferische Heroen, das gestaltlose Land und gaben ihm Leben. Zu dieser Zeit schufen sie all die markanten Punkte der Landschaft, Flüsse und Täler im felsigen Hochplateau, in den Lagunen und Ebenen. Die totemhaften Ahnen der heutigen Aborigines in Tier- oder Pflanzengestalt oder als menschlische Wesen gaben die passenden Verhaltensmuster unter ritueller Regel. Als die Ära ihr schöpferisches Ende gefunden hatte, wurden die Heroen seßhaft. Sie hatten sich an bestimmte Gegenden, Orte oder Plätze gewöhnt, an denen sie noch heute weiterleben und in ihrer spirituellen Form immer gegenwärtig sind. Die Orte des Fortlebens, Träume genannt, sind markante Landschaftspunkte: ein Wasserloch, ein Fels und ganz besonders die Felsmalereien und die Gravierungen. Doch die rituellen Regeln sind ein wichtiger Bestandteil des Lebens der Urbewohner Australiens. Sie begleiten mich auf meinem Weg durch das Land, durch ihr Land und ihre Gesichter, ihr Auftreten erscheint mir wirklich in einer Traumzeit. Hier in Tennant Creek, wo der Boden Reichtum birgt und der Mensch mit seinen modernen Maschinen darangegangen ist, Herr zu werden über die Reichtümer der Erde, ist der Gegensatz für uns erschreckend. Es leben Menschen aus der Steinzeit, die mit einem Knüppel Tiere erlegen und mit Steinwerkzeugen, einem einfachen zugespitzten Dreieck das tote Tier zerlegen. Es sollte mehr Menschen geben wie den erwähnten Rechtsanwalt, der seinen 60 000-Dollar-Job aufgegeben hat für die Eingeborenen.
Ich beginne ein Gespräch mit ein paar jungen Australiern und wo anders kann es sein als im Pub und ich frage sie direkt „was empfindet Ihr, wenn Ihr aus dem Fenster schaut und seht diese Kreaturen, denen der Boden unter den Füßen genommen wurde?" „Von wem redest Du, Deutscher, von den dreckigen Hunden da draußen? Redest Du von den faulen stinkenden Bastards da auf dem Bürgersteig? Weißt Du, daß die nichts tun? Daß die für Nichtstun Geld bekommen, unser Geld? Der Staat unterstützt sie, von der Wohlfahrt bekom-

men sie Kleidung, sie können kostenlos den Arzt und das Krankenhaus aufsuchen. Von wem redest Du, Deutscher? Von der Horde dreckig stinkender Hunde da draußen? Vergiß es!" „Das kann doch nicht Dein Ernst sein, Du kannst doch nicht so von den Menschen da draußen reden? Du bist wirklich ein netter Junge und ich beneide Dich sogar, beneide Dich um Dein Land, und ich beneide Dich darum, wie frei Du Dich bewegen kannst unter der Sonne und unter dem Schatten Deines Cowboyhutes siehst Du wirklich aus wie John Wayne in seinen besten Tagen, doch Dein Hirn scheint gelitten zu haben. Entweder hast Du Dein ausgetrocknetes Gehirn geerbt, so daß Du von Geburt an so ein Simpel warst, oder man hat es Dir im Laufe der Zeit eingebleut!"

Ich möchte an dieser Stelle unserem Fahrer Bill und meinem Freund Tom Dooley danken, die mich aus der Schlägerei herausholten und mich vor Knochenbrüchen oder noch Schlimmerem bewahrten. Zur Verteidigung möchte ich sagen: die Australier sind wirklich feine Burschen. Ich habe nirgendwo Menschen getroffen, die sich so kumpelhaft und fair verhalten wie die Australier und ich glaube, es gibt wirklich nur einen einzigen schwarzen Fleck auf der weißen Weste des 5. Kontinents und dieser schwarze Fleck heißt nun mal Aboriginal.

Auf meinen Streifzügen durch die wenigen Gäßchen Tennant Creeks verlasse ich den kleinen Ort und schlendre in nördlicher Richtung auf einem ausgetretenen staubigen Pfad. Ich mag so 5 bis 10 Minuten unterwegs gewesen sein, als ich rechter Hand von mir ein paar Blechhütten entdecke, dies ist also die kleine Slumsiedlung der Ausgestoßenen von Tennant Creek – ausnahmslos Aborigines. Ich versuche noch einmal, mit den Menschen Kontakt aufzunehmen, was mir in der Stadt noch nicht gelungen ist. Abgesondert, 200, 300 m von den Hütten entfernt, hat man eine alte Frau aufgebahrt. Sie ist nur noch Haut und Knochen, und als ich mit ihr ein Gespräch anfange, zieht sie eine alte schmutzige Decke über ihr Gesicht und zeigt mir somit, daß sie mich nicht sehen möchte. Befindet sich ein Stamm in einer Not- oder Hungerszeit, so sondert man zuerst die Alten und Gebrechlichen aus und dann folgen

Säuglinge una Kinder. Giftige böse Gesichter schauen mich an, ich kann ihnen nicht helfen, morgen geht unsere Fahrt weiter. Ich hab das Gefühl, in Gefahr zu sein, wenn ich nicht sofort den Stamm verlasse. Ich entschuldige mich dafür, daß ich uneingeladen ihr Territorium betreten habe, gehe den staubigen Weg zurück, den ich gekommen bin und denke, wieviel schwarze Füße sind wohl hier schon zu der Stadt unterwegs gewesen, um Almosen bettelnd, um Nahrung, um Alkohol, um Hilfe, gebettelt vom weißen Mann.

30

Morgen fahren wir weiter über Daily Waters nach Katherine, dann sind wir mitten drin in Arnaemland, einem tropischen Regenwaldgebiet. Die zahlreichen Eingeborenenreservate heißen: *Yirgala, Milingimbi, Maningridi, Oenpelli.* Da große Teile des Gebietes schwer zugänglich sind, darf man vermuten, daß die Ureinwohner Arnaemlands ihre Lebensweise noch am ursprünglichsten beibehalten haben. Hier grasen noch Wasserbüffelherden; in den dichten Urwäldern, die von zahlreichen Wasseradern durchfurcht werden, leben Krokodile. Hier findet man reichlich Känguruhs, Emus, Kragenechsen, Adler und Wildgänse. Die bekanntesten Wasserfälle sind die Jim-Jim-Falls. – Als ich all dies überlegte, werde ich ungeduldig und es ist wirklich eine prickelnde Spannung, die von mir Besitz ergreift, als die Landschaft nun langsam ihr Gesicht wechselt und in meiner Phantasie sehe ich schon die grasenden Büffelherden auf saftigen Wiesen im Sumpfgebiet inmitten eines Vogelparadieses. Ich stelle mir vor, wie ich mich durch den dichten Dschungel arbeite, um an zugewachsene Flüsse zu gelangen und aus einem von Lianen und Klettergewächsen umarmten Mangrovenbaum Krokodile zu beobachten. Für heute nacht schlagen wir unser Lager in Daily Waters auf. Bei solchen Träumereien denkt man selten an die Schattenseiten. Die Schattenseiten, das sind schon immer in Australien Moskitos und Fliegen, bei denen man das Gefühl hat, als wollten sie einen auffressen und natürlich Schlangen und

Spinnen, vor denen man auf der Hut sein muß. Mangrovenwälder und Moskistos gehören einfach zusammen und sollten noch so viele Moskitos, Schlangen und vielleicht sogar Krokodile darauf aus sein, mir ein Rendez-vous zu geben, so bin ich viel zu neugierig, als daß ich darauf verzichten möchte.

In 2, 3 Tagen vielleicht, wenn wir Darwin erreicht haben, werde ich mir ein kleines Boot leihen und eine der vielen kleinen, mit Mangrovengestrüpp bewachsenen Inseln besuchen. Ich möchte gern einmal eine dieser lianenverfilzten Inseln kennenlernen. Als ich am Abend in Daily Waters mit Bill, unserem Fahrer, darüber rede, rät er mir davon ab. „Laß das sein", meint Bill, „Du kommst da nicht an Land, wenn Dich nicht überhaupt vorher die Moskitos oder Krokodile auffressen". Ich halte Bill für einen alten Schlapphut und denke, jetzt erst recht, warum soll ich nicht dort drüben ankommen. Aber heute nacht sind wir erst einmal zum Ausruhen in einem kleinen Ort, von dem ich nicht sehr viel sehe. Bevor ich einschlafen kann, gehen mir all diese Wünsche und Hoffnungen durch den Kopf, was ich alles noch sehen möchte und sicher habe ich die ganze Nacht davon weiter geträumt. Ich bin nicht sonderlich böse, von Daily Waters wenig gesehen zu haben, denn all diese kleinen Orte haben den gleichen Charakter. Es ist sicher nicht verkehrt, wenn man sagt, außer 1, 2 Pubs, einer Tankstelle und einem kleinen Shopping-Center war sonst nichts vorhanden. Was soll es hier auch mehr geben? Das Land ist noch immer staubig und das Spinnifexgras und ein paar seltene Bäume sind die einzigen Farbtupfer in der trostlosen Landschaft.

Seit Tennent Creek sind wir an der Tanamiwüste entlanggefahren und die Einsamkeit und Eintönigkeit der Landschaft hat auf uns gewirkt wie ein ohrenbetäubender Orgelton in einer riesigen Kathedrale, der leise begonnen hat und sehr, sehr langsam anschwillt zu einer Stärke, die der Mensch nicht auszuhalten vermag. Man hofft auf Erlösung und diese Erlösung sind kleine Menschenansammlungen, kleine Siedlungen, solche wie Daily Waters. Wenn man sieht, wie Menschen schon seit Jahrzehnten in solch einer Einsamkeit Städte ge-

gründet haben, gibt es für mich nichts anderes als eine schlichte Bewunderung, die ich für die Pioniere und Eroberer, die Männer im Outback, wie sie genannt werden, empfinde. Ich hatte es mir zur Aufgabe gemacht, von jedem Ort, von jeder Stadt Eindrücke zu sammeln, Geschichten zu sammeln über Gebiete, in denen ich mich gerade befand, um darüber später einmal berichten zu können. Das kann ich über Daily Waters nicht. Es ist zu wenig was ich sah und es ist zu wenig, was ich weiß. Für uns war es ein Ort, in dem wir ankamen, unsere Zelte aufschlugen und hundemüde in den Schlafsack krochen, um nach ein paar Stunden schon wieder weiterzufahren, unterwegs zu einem Gebiet, das mir eigentlich viel interessanter erschien. Der Weg, den wir zu fahren hatten, war nicht sehr weit und die Aussicht auf so viele Dinge, die ich zu sehen erhoffte, war sehr groß. Katherine, der Name gefiel mir vom Klang her schon sehr gut. Katherine, das ist für mich nicht nur das Viehzuchtzentrum 400 km südöstlich von Darwin, Katherine ist der Anfang eines Gebietes, das von Regen, Wind und Sonne geformt wurde zu einem Hochplateau, wo es zerklüftete Sandsteinmassive gibt, wo in der Regenzeit über die senkrechten Felswände Wasser herabfließt. Da gibt es Ebenen, wo Bäche und Flüsse Schlamm und Sand ablagern und Wasserlöcher, Lagunen und Sümpfe bilden. In den Felsen leben seltene Beuteltiere. Scheue Tiere wie die schwarzen Wallaruhs, Felswallabys und Opossums. In den Wasserlöchern leben riesige Barramundas und Krokodile, in den Sümpfen ist die Heimat der Stelzvögel und Ibisse, Löffelreiher, Silberreiher, Gänse und Enten. Solch eine Vielzahl, die einen dazu verleitet, zu behaupten, es wären Millionen.
Und wieder werden wir eingeholt von der Geschichte der Aborigines. Über den Sümpfen sind die Wände der zahlreichen Felshöhlen mit Zeichnungen bedeckt. Ganz deutlich kann man die Figuren erkennen. Dies sind Geistergestalten aus der Traumzeit. Bill möchte uns an diesem Abend noch zu zwei Felsen führen, aber wir merken schon bald, daß wir es in der heranbrechenden Dunkelheit nicht mehr schaffen. So lassen wir uns wieder nieder und Bill erzählt uns die Geschichte der beiden Felsen, die steil in den Himmel aufragen und für

die Aborigines Menschengestalt angenommen haben, während der Schöpfungsperiode. So kam der eine in fernen Urzeiten über das Meer und man berichtet, daß er diesem Teil von Arnaemland Gestalt und Leben gegeben hat. Die Sage erzählt weiter, daß der Heros es müde war, ständig herumzuwandern und sein großer Penis, den er über der Schulter trug, ihm zu schwer wurde, so daß er sich am Ufer eines Baches niederließ und sich in einen Felsen verwandelt.
All das, was ich mir von Australien und unserer Expedition zu finden und zu sehen erhofft hatte, gab es hier gebündelt und in einer Vielzahl, daß ich trotz der Bücher, die ich gelesen hatte, überrascht und erfreut zugleich war, was so gebündelt auf mich einstürzte, war Urwald in seiner noch ursprünglichen natürlichen unberührten Form. Lebewesen, Menschen und ihre Geschichte wie in einem Tagebuch an die Felsen gemalt: Das sind Zeugnisse, welche die total soziale und religiöse Welt des Naturmenschen, eines Urjägers, nämlich des australischen Frühzeitmenschen widerspiegelt.

31

In meiner Erinnerung bleibt Katherine nicht als Stadt, sondern als Katherine Waters. Unser Lager und der Ausgangspunkt für zahlreiche Expeditionen in den Dschungel und zu Felsmalereien hatten wir an einer Stelle aufgeschlagen, die mir wieder einmal vorkam wie das wahrhaftige Paradies. Aber wie oft hatte ich dies in meinem Leben schon gedacht und wie oft danach kam mir noch dieser Gedanke. Zum Paradies gehört für mich ein See oder ein breiter Fluß oder gar das Meer, tropische Bäume, bunte Vögel, blauer Himmel und wie in der Bibel eine Eva, die Gott für Adam schuf, damit er jemanden hat, der ihm die Äpfel vom Baum holt.
Auch an diesem Abend gab es wieder eine wunderbare Stimmung, die man allzu gern als Lagerfeuerromantik abtut. Doch da springen nicht nur Funken in dem knatternden prasselnden Lagerfeuer von Ast zu Ast, sondern die Menschen, die sich hier versammelt haben, sind in der kurzen Zeit

Freunde, ja sogar Gleichgesinnte geworden und ein Funke hat von ihnen allen Besitz ergriffen, hat ihre Herzen angezündet und keiner kann und will sich wehren gegen einen mächtigen Drang, der uns frei und glücklich macht und der darin wurzelt, so glaube ich, etwas von der Größe und Schönheit der Natur gesehen und begriffen zu haben. Ein glasklarer, silbern blinkender See schaukelt mit ruhigen Wellen in der Nacht, ein viel zu heller Mond läßt die Bäume und Sträucher verrückt verzerrte Schatten werfen, das große zuckende Lagerfeuer erhellt mit seinen springenden Flammen ständig eine andere Gesichtshälfte der darum herum Sitzenden. Hier gibt es Krokodile, Schlangen, Spinnen und eine Vielzahl schon genannter eigenartiger Nachttiere und trotzdem fühlen wir uns wie im Paradies.

Zu unserer Gruppe haben sich einige einheimische junge Burschen gesellt und das erste Mal auf unserer Fahrt sind Eingeborene zu uns gestoßen, die irgendwo, nicht weit von unserem Lager, ihre primitiven Behausungen haben. An der Art ihrer Kleidung konnte man sehen, daß sie versuchten, sich uns Weißen anzupassen. Jeans und karierte Hemden, dazu die Cowboystiefel, die man hier überall in der Rindergegend trägt, der breitkrempige Hut, ein wichtiges Symbol, das die Männlichkeit unterstreicht, darf natürlich nicht fehlen. Diskussionen und Erzählungen waren in vollem Gange, der Urwald um uns herum hatte sich schon längst schlafen gelegt, die tausend Stimmen des Tages werden schon früh genug bei Sonnenaufgang erwachen.

Bill hatte gerade eine Geschichte über den „Flying Doctor“ beendet, als der große schwere Aboriginal, den alle Tom nannten, zu reden begann. Eine Geschichte aus der Schöpfung und dazu gehört das erste Wesen, die Aboriginal nennen es ihre Großmutter *Eingana,* Mutter der Fruchtbarkeit, die alles erschuf, Wasser, Bäume, Felsen und auch die Menschen, die Aborigines. Eingana, die Riesenschlange schuf Känguruhs, Emus, Vögel und die fliegenden Füchse. In ihrem großen Bauch war all dies schon vorhanden. Als ein alter Mann einen Speer warf, rollte sich Eingana wie eine Schlange und alle Aborigines kamen heraus. Bevor der Speer sie getroffen

hatte, hatte Eingana ihre schwarzen Kinder aus dem Mund gespuckt. Nach seiner Tat ging der Alte und malte sich an einen Felsen und als dies getan war, hatte er sich in einen blaugefiederten Kookaburra-Eisvogel verwandelt.
Der alte Aboriginal, der uns die Geschichte erzählt wird ganz aufgeregt und macht große Kulleraugen, als er weiterspricht und sagt: „Eingana kann mit dem Auge nicht sehen, sie kommt in der Regenzeit aus den Wassern und schleudert immer noch alle Wesen in die Luft und ins Wasser zurück, Känguruhs, Schlangen, Dingohunde, Vögel und uns, alle schwarzen Brüder. Und unsere Mutter Eingana besitzt einen Flitzbogen namens *Toon.* Das ist eine mächtige Schnur, läßt sie die Schnur los, müssen wir alle sterben, ich sterbe, wir sterben und an den Ort, wo wir alle geboren wurden, kehrt unser Geist wieder zurück. Doch Eingana, unsere Mutter, stirbt nie. Würde sie sterben, dann gäbe es uns alle nicht mehr und zu uns gehören die Vögel, die Känguruhs, die Wasser, die Flüsse, die Meere, noch nicht mal ein einziges Wasserloch gäbe es in diesem Land“.
Irgend etwas veranlaßt mich, dem alten Mann die Hand auf die Schulter zu legen, einen Zug aus meiner Maiskolbenpfeife zu nehmen und der banale Satz „That's right, maid“ ist vielleicht zu wenig in diesem Moment, aber in den Augen des Mannes kann ich sehen, daß er froh ist, froh für mein „that's right, maid“ und vielleicht froh für meine Hand, die auf seiner Schulter liegt und er spürt, daß ich ihn verstanden habe.
In der Nacht wechseln wir uns ab am Lagerfeuer mit dem Wachehalten, eine große Taschenlampe sucht ständig die Bäume und den Boden ab. Vorsicht ist besser als eine böse Überraschung hier zu erleben, die vielleicht im nahen Busch lauert. Ich setze mich freiwillig ans Feuer, nach vergeblichem Versuch einzuschlafen habe ich es aufgegeben und stochere mit einem Holzstäbchen in der Glut herum. In meinem Blechbecher ist noch etwas Tee und die schmauchende Maiskolbenpfeife ist mir ein guter Freund in der milden Nacht in Katherine Waters. Die Glut im Feuer sammelt sich und wird zu zwei glühenden Augen, den Augen von Tom, der uns am Abend mit seiner wunderschönen alten Geschichte fesselte.

Wären alle Aborigines solch märchenerzählende Onkel Toms, sie hätten bestimmt einen besseren Stand in Australien, aber auch in ihrem Leben geht es nicht nur ums Märchenerzählen. Ich weiß, daß es kein Märchen ist, daß mehr und mehr Stämme ihre traditionelle Kultur aufgaben, den Einflüssen der Zivilisation erlagen und da steht an erster Stelle der Alkohol. Wie kamen die Australneger zu uns ans Lagerfeuer? Wie verkleidete Kinder nach einem improvisierten Theaterstück, die Impulse kamen sicher von der Regierung und auch andere Institutionen versuchen, die Eingeborenenfrage durch intensive Akkulturationsbemühungen zu lösen. Aber ist denn diese neue Form des Eingeborenenlebens wirklich für die Aborigines erstrebenswert und befriedigend? Zielen denn nicht alle Bemühungen darauf ab, die angestammte Eingeborenenkultur zu zerstören? Kann man denn ohne weiteres nackte Wilde in Kleider stecken, versuchen, sie seßhaft zu machen und in einen Arbeitsprozeß, d. h. in erster Linie in die Rolle von Viehhütern zu drängen? Und was die Folge davon ist, soll ich noch an diesem Morgen zum wiederholten Male erleben.

32

Als wir unseren frischen Tee und ein paar lapprige Sandwichs zu uns genommen hatten, steht Tom in unserer Runde. Der alte Aboriginal, an den ich bis zum Morgengrauen gedacht habe. Ich freue mich, ihn zu sehen und auch er hat ein breites Grinsen im Gesicht. Als er meine schwarze Fotokamara sieht mit dem langen Teleobjektiv, wechselt das Grinsen zu einem nichtwissenden Staunen. Am leichtesten kann man eine Kamera erklären, wenn man die sprachlosen schwarzen Australier durchsehen läßt. Für mich gab es eine Gelegenheit, Portraitaufnahmen zu machen und Tom läßt sich überreden, mir seine Hütte und seine Familie zu zeigen. Eine kleine Siedlung armseliger Wellblechbaracken, Berge vom Zivilisationsmüll, so ist auch Toms Familie dabei, ihre eigene Kultur zu verlieren, keinen Ersatz zu finden und hilflos den Krankheiten zu

erliegen, die die Zivilisation mit sich bringt. Das Eingliedern in unsere Gesellschaft hat bewirkt, daß ihre Gesundheit und ihre Lebensweise zerstört ist. Die Berge leergesoffener Flaschen zeigen mir, daß sie ihr sinnloses Dasein mit Alkohol betäuben. Was ich sehe, das sind in Lumpen gekleidete Eingeborene und was in ihren Gesichtern steht, das ist von Sydney bis hierher nach Katherine das Gleiche: hoffnunglos depremierte Fragen, die Frage nach dem Sinn ihres Lebens.
Seit 1972 hat die australische Regierung den Ureinwohnern 94 000 Quadratmeilen der australischen Nordregion als Eigentum zugewiesen. Ohne Zweifel ist dies Gebiet eine Riesenfläche und sie müßte auch den Aborigines ausreichen, um nach ihrer Kultur zu leben. Doch hier begehen wir schon den ersten Denkfehler. Das läßt sich alles so einfach sagen und planen, aber wenn man vergißt, daß die Kultur der Aborigines durch das Land geprägt wurde, d. h. durch den unbarmherzigen 5. Kontinent selbst. Was sind auf diesem Kontinent 94 000 Quadratmeilen? Niemals früher lebten die Ureinwohner alle zusammen nur auf einem beschränkten Gebiet. Wir wissen, daß es Jäger und Sammler waren, die sich ständig wandernd über den Kontinent fortbewegten auf der Suche nach Eßbarem und nach Wasserstellen. Daraus, aus dem täglichen Kampf ums Überleben, hat sich ihre Kultur entwickelt und dies kann man nicht von heute auf morgen damit abtun, daß man den Aborigines etwa zentralisiert und den als Steinzeitmenschen lebenden Eingeborenen innerhalb kürzester Zeit der Lebensform des weißen Mannes anpassen will.
All dies sehe ich vor mir: Toms Familie – so sehen Entwurzelte aus in Schmutz und Elend. Dann möchte man dem großen *Maban* (= Medizinmann) glauben, der vom heiligen Wasser spricht und der da sagt, um die Abtrünnigen von den alten Gesetzen, um die Weißen zu bestrafen, wird ein großes heiliges Wasser kommen. Das große heilige Wasser wird alle die vernichten, Abtrünnige und Weiße zugleich und danach wird es eine gereinigte Welt geben ohne Sorgen und Nöte.
Tom und die Männer seiner Siedlung möchten mich gern mitnehmen zum Känguruhjagen. Ich bin traurig, daß ich nicht dabei sein kann, denn ich hatte Bill dazu animiert, uns

zu einer Stelle zu fahren, von wo aus man Wasserbüffel beobachten kann. Als Versöhnung für ihr nettes Angebot verteile ich meine Zigaretten und muß peinlich darauf achten, daß auch jeder eine bekommt. Für die Zukunft nehme ich mir vor, immer genügend Zigaretten dabeizuhaben. Von Tom verabschiede ich mich wie von einem alten Freund und ich verspreche ihm, noch mal wieder zu kommen, bevor wir Katherine verlassen.

33

In den folgenden Tagen habe ich Gelegenheit, den tropischen Regenwald zu studieren. Das Monsunklima und die damit verbundenen Regenfälle, die im Sommer, von November bis April, ihren Höhepunkt erreichen, haben dieses Gebiet Australiens geprägt. Es gibt unzählige phantastisch schöne Orchideen, die sich wie reine Edelsteine von dem als Gebüsch wuchernden Blattwerk hervorheben. Aus den Regenwäldern ragen wahre Urwaldriesen zum Himmel, die Araucaria und die Agatais z. B. werden mehr als 50 m hoch. Ihre Kronen sind so stark ineinander verwoben und verwachsen, daß sie ein wahres Blätterdach bilden, das keinen Sonnenstrahl auf den Boden läßt. So herrscht hier ein Halbdunkel, das die Entwicklung einer Gras- oder Gestrüppschicht verhindert. Man nennt dies den offenen tropischen Wald, der den eigentlichen Regenwald umgibt, und er stellt zweifellos den weitestverbreiteten Wald Australiens dar.
Nach meinen dilletantischen Waldstudien liege ich auf dem Bauch und habe meine Kamera vor mir liegen. Ich ärgere mich, daß mein Teleobjektiv nicht ausreicht, um die grasende Buffaloherde näher heranholen zu können. Die schwarzen Tiere stehen ein paar Zentimeter im flachen Wasser. Ich wäre froh darum, mit Traudl hier zu sein, dann könnte man dieses Bild in aller Ruhe auf sich einwirken lassen. Eine bunte Vogelschar großer und kleiner Vögel haben sich zu den Kolossen gesellt. Das Sumpfgebiet wirkt stellenweise wie ein See aus dem hier und da Inseln grüner saftiger Gräser hervorschauen. Das Tal, an dessen Rand nach allen 4 Himmelsrichtungen der

dichte tropische Wald beginnt, ist eine Mammutweide für die wilden Büffel im Norden Australiens. Diese Büffel waren nicht immer hier; Engländer hatten sie mit nach Australien gebracht, um mit ihnen eine robuste Rasse heranzuzüchten. Den Aboriginal dienen sie als willkommene Fleischquelle.

34

Es ist nichts für mich, so stundenlang auf dem Bauch zu liegen und die friedlich grasenden Tiere zu beobachten. Ich beschließe, mich von der Gruppe abzusetzen und das Leben um den sumpfigen See zu ergründen. Vorsichtig schiebe ich Zweige und Blätter zur Seite. Blitzschnell verschwinden ein paar bunte Eidechsen unter dem raschelnden Laub. Meine Augen beginnen, das viele Grün zu sortieren und ich hatte irgendwie das Gefühl, beobachtet zu werden, konnte aber auf Anhieb nichts finden, keine Augen, die mich musterten, aber ich wußte es: irgend etwas beobachtet mich in diesem Moment. Auf einem abgekippten Eukalyptusbaum entdeckte ich einen zwei Meter langen grasgrünen Waran. Der Waran und auch ich verharrten in unseren Bewegungen und starrten uns an. Es gibt eine ganze Menge Kriechtiere in Australien, die mich an Drachen erinnern, ihr richtiger Name ist Agamen und diese Eidechsenfamilie ist auch in Asien, Afrika und Südeuropa verbreitet. Doch nirgendwo sind Agamen so weit entwickelt und verbreitet wie in Australien.
Ein richtig unheimliches Drachentier ist der Dornteufel (moloch horridus). Dieser zählt zu den ungewöhnlichsten Eidechsen überhaupt. So sind der Körper und der Schwanz mit großen Stachelschuppen bedeckt. Die Gesamtlänge des Tieres mißt 15 cm. Zwei große Stacheln stehen auf seinem Kopf. Dieser Dornteufel hat sich besonders interessant seiner Umgebung angepaßt. Um zu überleben in der Trockenzeit, saugt die Haut des Tieres, sobald sie mit Wasser in Berührung kommt, die Feuchtigkeit auf. Dies geschieht durch winzige Haargefäße, die sich zwischen den Schuppen befinden. Durch Laborversuche hat man festgestellt, daß das Wasser durch

Hautkanäle in den Mund gelangt und nicht über die Haut dem Organismus zugeführt wird.
90 cm lang wird die Kragenechse chlamydosaurus kingii. Das Öffnen des Kragens ist ein Imponiergehabe, ein Drohgebaren, das von dem Tier gezeigt wird, wenn es in die Enge getrieben und angegriffen wird. Um die Wirkung noch zu unterstreichen, richtet sich die Kragenechse auf den Hinterbeinen auf und stößt drohende Pfeiflaute aus, das gleichzeitige Öffnen von Mund und Kragen ist durch die Zungenbeinknochen möglich, welche sich von der Zunge bis zum Hautkragen verjüngen und dort wie Schirmspangen weiterlaufen. Ihre Farbe wechseln und eine Hautfalte am Hals zu einem großen Adamsapfel aufblähen, das kann die grote Bartagame. Agamen oder Drachenechsen sind die mutmaßlichen Nachfahren der Leguane.
Mein Waran sitzt immer noch auf dem starken Ast und bewegt noch nicht einmal die Augen. Es ist schon ein eindrucksvolles Bild, dieser große räuberische Waran. Er weist einerseits Merkmale der fossilen Vorfahren der Schlangen und andererseits solche der riesigen, während der Kreidezeit lebenden Seeungeheuer, der Mososaurier auf. Die Wissenschaft zählt noch 24 lebende Waranarten auf der ganzen Welt. Von diesen 24 leben 15 in Australien. Das größte noch heute lebende Tier ist der 3 m groß werdende Komodowaran, der auf den Komodoinseln lebt. Sein australischer Bruder, der zweitgrößte Waran auf der Welt, wird über 2,4 m lang und solch ein Spezies sitzt vor mir. Fossilienfunde belegen, daß vor 100 000 Jahren etwa australische Warane eine Länge von 4,5 m erreichten.
Ich wußte nicht, daß es eine Seltenheit ist, solch ein Tier überhaupt zu Gesicht zu bekommen. Die Riesenwarane im Norden Zentralaustraliens sind selten geworden. Alle Warane, auch der Großwaran Varanus giganteus sind Aasfresser. Zu ihrer Nahrung gehören Kerbtiere, Echsen, Schlangen, Vögel und kleine Säugetiere. Für mich war es interessant zu erfahren, daß viele Warane zur Eiablage die großen Termitenbauten benutzen. Mit ihren Krallen öffnen sie den Termitenbau, graben eine Art Höhlung, legen ihre Eier darin ab und die

fleißigen Termiten mauern den Einbruch in ihr Reich wieder zu. So entsteht für das Waranei eine gleichmäßige Temperatur, nur geringe Feuchtigkeits- und Temperaturschwankungen ergeben sich, und kein Raubtier kann der Eiablage gefährlich werden. Man vermutet, daß die Weibchen die Jungen beim Verlassen des Geleges unterstützen. Sollte diese Vermutung zutreffen, so müßten die erwachsenen Warane die Stelle der Eiablage und die Zeit des Schlüpfens genau kennen.
Die blödsinnigen Moskitos machen mich unruhig und ich verspüre unaufhaltsam den Drang, mich zu kratzen. Kaum hebe ich die Hand zu meinem Gesicht, da schnellt der Waran wie vom Blitz getroffen steil an dem Ast empor, richtet sich auf und legt ein Drohgebaren an den Tag, das mir durch Mark und Bein geht. Traudl fragt mich später, warum ich den Burschen nicht fotografiert hätte. Ich brachte es nicht fertig, zu gestehen, daß ich das große „Hosenscheißen" bekommen hatte und gerannt bin wie vom Teufel verfolgt.
Unsere Gruppe stand laut schnatternd und gestikulierend um ein paar Eingeborene herum, die stolz eine große Pythonschlange vorzeigten. Das schöne Tier war auf einen Speer gespießt, von den vier Aborigines erlegt worden. Die Amethystpython wird bis zu 8 m lang und ist im Stande, Wallabys zu verschlingen. Der australische Kontinent besitzt einige der giftigsten Schlangen der Welt. Demgegenüber gibt es natürlich auch harmlose Arten, die für den Menschen nützlich sind. Die Rautenschlange ernährt sich gerne von Ratten und Kaninchen, Tieren also, die seit der Kolonisation eine Landplage sind. Trotz ihrer furchterregenden Größe von 2,5 m erkannten die Farmer ihre Wichtigkeit bei der natürlichen Kontrolle der Ratten- und Kaninchenvernichtung und dulden sie auf ihren Farmen.
Ein halbes Dutzend Schlangenarten sind für den Menschen tödlich. Hierzu zählt der sogenannte Taipan, dessen Gift für alle Organismen tödlich ist. Die manchmal tödlichen Arten schließen die australischen Kupferköpfe der Gattung Denisonia, die gedrungene Acanthophis, die Todesotter, die braun gefärbte Demansia und die schwarze Pseudechis ein. Ebenso gefürchtet ist die 2 m lange Tigerschlange. In Australien be-

hauptet man, daß von einer einzigen Tigerschlange, der man das Gift abgenommen hat, 118 Schafe getötet werden können. Der große Taipan dagegen spendet Gift für 220 tödliche Giftportionen. Zu vergleichen wäre dies mit einer indischen Kobra, die eine tödliche Giftmenge hergibt für nur 31 Schafe. Der wahnsinnig giftige Taipan lebt Gott sein Dank zurückgezogen im Wald und flieht eher, als daß er beißt. Bis zum heutigen Tag hat man noch nicht feststellen können, weshalb die schnell wirkenden Nervengifte des Taipan und der Tigerschlange gegenüber den großen Waranen wirkungslos sind. Beide verwandte Reptiliengruppen leben in einer tiefen Feindschaft. Entbrennt ein Kampf auf Leben und Tod, geht normalerweise der Waran vollgefressen und siegreich daraus hervor. – Ich hatte die jungen Aborigines mit ihrer 8 m langen Amethystpython nicht erkannt. Sie gehörten zu Toms Sippe. Freundlich laden sie mich zum Schlangenschmaus ein.
Als wir unser Lager erreichen, ist es schon wieder spät abends. Die Tage vergehen wie im Fluge, wir alle sind ausgehungert, doch gleichzeitig glücklich. Ein großer verkrusteter Rost wird über die Glut gelegt und jeder legt sich ein Steak darauf, das schon nach kurzer Zeit saftig braun brutzelnd gegessen wird. Bier ist zu einer Rarität geworden. Wer nicht rechtzeitig für Vorrat gesorgt hat, muß sich eine Büchse schnorren, doch die schmeckt genau so gut wie eine gekaufte. Ich erzähle die Geschichte von meinem Waran, den ich am Nachmittag lange beobachten konnte. Trockene Holzscheite entfachen ein wunderschönes Feuer, das Bier bringt die nötige Müdigkeit und der erlebnisreiche Tag hat uns wohl alle geschlaucht. Ich glaube, selbst wenn Tarzan zu dieser Stunde aus den Wipfeln der Eukalyptusbäume mit einer Liane heruntergeglitten wäre und hätte plötzlich bei uns am Lagerfeuer gestanden, mit seinem langgezogenen Schrei, keiner hätte auch nur den Kopf gehoben. Zum Wachehalten gab es keine Freiwilligen, der notwendige Dinst mußte ernsthaft ausgelost werden.
Schon beim Einschlafen dachte ich noch an den alten Tom. Ob die Jungen mir wirklich ein Stück Schlange reserviert hatten? Ich muß morgen früh gleich hingehen, dachte ich und

schlief ein. Ein buntes Vogelvolk weckte mich durch sein Gekreische schon am frühen Morgen. Außer mir war nur Bill, unser Fahrer, erwacht und da Bill die Angewohnheit hatte, in seinen Kleidern zu schlafen, konnte er sich das mühsame Anziehen sparen. Unser Lagerfeuer hatte noch genügend Glut und mit neuen Zweigen prasselte schon nach wenigen Minuten ein schönes Feuer. An den allmorgendlichen Tee hatte sich schon ein jeder gewöhnt und die meisten von uns liebten ihn und es war schon ein richtiges Zeremoniell, wenn man in der Einsamkeit, in der Weite des australischen Busches, eine Tasse Tee genießen konnte. Kaltes Fleisch und altes Weißbrot waren unser Frühstück. Mir blieb nicht mehr viel Zeit, Tom und seine Leute zu besuchen und ihnen Adieu zu sagen.
Unsere Fahrt ging weiter bis zum nördlichsten Punkt des 5. Kontinents, nach Darwin, wo ich mir etwas Erholung versprach und wo ich ruhen wollte von der langen Fahrt und den Strapazen, die wir doch alle langsam in unseren Knochen spürten. Darwin lockte uns mit Bademöglichkeiten, endlich konnten wir wieder das Meer sehen und so fiel es mir nicht so schwer, Adieu zu sagen. Schließlich blieb die Hoffnung, auf dem Rückweg bei meinen Freunden vorbei sehen zu können und vielleicht einige der wunderschönen Geschichten zu hören, die Aufschluß gaben über die Welt der Eingeborenen und ihre Kraft, die sie brauchten, um das freie Leben, das sie seit Urväterzeiten führten, zu bestehen. – Ich glaubte in Toms Augen Tränen zu sehen, als er mich nach alter Sitte an sich drückte und in seinem Pidgin-Englisch Abschiedsworte murmelte. „Es wird kein Abschied für immer sein, alter Tschilbe, mach's gut – bis in 1, 2 Wochen. Wir kommen zurück. Ich freue mich schon darauf". Er rief mir ein „see you later, German" nach.
Der Bus war schon gepackt und abreisebereit und kaum saß ich auf meinem Stammplatz, konnte Bill den ersten Gang einlegen. Die Fahrt ging zurück auf ein festes Stück Asphaltstraße, das noch von den Amerikanern im 2. Weltkrieg gebaut wurde und wo ich mir beinahe vorkam wie auf einer Autobahn im fernen Europa. Dichte Regenwälder rechts und links der Straße, Kakadus und Papageien saßen in den Ästen wie

ein verzauberter bunter Baumschmuck. Wie wird Darwin aussehen? Ich kannte nur wenige Bilder, einige von Postkarten, einige aus den wenigen Büchern über das Land, die ich mir gekauft hatte.

35

Darwin ist die Hauptstadt des Northern Territory und die wichtigste Hafenstadt für das riesige Gebiet, das von Darwin bis an die Simpsonwüste reicht, besitzt einen großen Flugplatz und bildet mit 40 000 Einwohnern schon eine recht große Stadt. Die Einwohner sind stolz auf den botanischen Garten und das Gouvermenthaus aus dem Jahre 1870. Auch diese Sehenswürdigkeiten wollte ich mir ansehen, doch hauptsächlich interessierte mich das Land um Darwin herum, das noch immer von frei lebenden Aborigines bevölkert wird und Arnhemland heißt. Außerdem möchte ich mir gern Bathurst Island oder Melville Island ansehen, zwei Inseln nördlich von Darwin, die von Eingeborenen bewohnt werden. Auf der anderen Seite des Joseph-Bonaparte-Golfs liegen die Kimberlys, eine sagenumwobene Bergkette, wo Eingana, die große Mutter, die alles Leben erschaffen soll, wieder in die Erde eingefahren ist. (So berichtet es die Mythologie: *Eingana*, die Riesenschlange, die in ihrem mächtigen Bauch alle Lebewesen mit sich trug.)
1980 erschien ein Buch von Bruno Scrobugna im Safari-Verlag mit dem Titel „Die Pintubi“ Untertitel: „Am Ende der Steinzeit“. Bruno Scrobugna lebte einige Jahre in Australien und beschäftigte sich eingehend mit der Mythologie der Eingeborenen und beschreibt in seinem Buch in dem Kapitel „Der Kontinent wird besiedelt“ das spirituelle Denken der Eingeborenen: „Dieses Tier wurde zur Zentralfigur ihres Glaubens, ihrer Mysthik“ und er vermutet weiter, „vielleicht existierte damals wirklich eine gewaltige Riesenschlangenart, die sie in Angst und Schrecken versetzte und damit furchtbegründetes religiöses Denken schuf. Vielleicht bedeutet die Schlange, der man auf den dekorierten Zeremonialschildern

der Eingeborenen, in den Felsengravuren und den Malereien immer wieder begegnet aber auch nichts anderes, als einen sich dahinschlängelnden Flußlauf. Ohne den Fluß, auch wenn er über lange Phasen des Jahres hinweg kein Wasser führt, war Leben in Inneraustralien nicht möglich. Es war also nur folgerichtig, wenn der Flußlauf zum Zeichen der Fruchtbarkeit, zum Symbol des Überlebens schlechthin wurde."

Und in dem gleichen Kapitel „Der Kontinent wird besiedelt" stellt sich Scrobugna eine Situation vor, die ich mir in jenes Darwin mogle, das in wenigen Minuten unser Ziel und Lager für einige Tage sein soll. „Blau und friedlich lag das Meer unter der gleißenden tropischen Sonne, hier und dort huscht eine Brise über das spiegelnde Wasser, für Sekunden die Oberfläche kräuselnd. Ein seltener Augenblick der Ruhe für die meist tobende und tosende Meerenge, die den Kontinent Australien von den nördlichen vorgelagerten Inseln trennt. Noch ungewöhnlicher an diesem Ort und zu dieser Zeit waren dutzende von Einbäumen, die sich soeben einer nach dem anderen, knirschend in das flache sandige Ufer bohren. Vollbesetzt sind die Boote. Frauen, Kinder und Greise sind unter den dunklen mageren Gestalten. Keiner von ihnen bewegt sich vorerst, hunderte von Augenpaaren betrachten aufmerksam den grau-grünen niederen Baumbestand, der sich hinter dem breiten sandigen Ufer erstreckt".

So schildert der Autor des Buches „Die Pintubi" anschaulich die erste Besiedlung des 5. Kontinents durch die Aborigines. Die Beschreibung ist eine Fiktion, an der ich aber gerne festhalten möchte, fiktiver Bericht über einen Vorgang, der sich vermutlich einige zehntausend Jahre vor unserer Zeitrechnung abgespielt haben kann. Was werden wir vorfinden in dem Darwin des Jahres 1972? Der Bus holpert an einem Blechschild vorbei, in schwarzer Schrift auf weißem Untergrund lese ich den Namen Darwin.

Darwin ist eine Stadt in den Tropen mit einem Hauch von Mittelmeer. Ich muß feststellen, daß jeder 5. oder 6. Darwinianer Grieche ist. Wir spüren schon in den ersten Stunden auf dem Boden dieser Stadt, daß sie ein Lebensgefühl vermit-

telt, das gerne als „informality“, als Ungezwungenheit erklärt wird. Auch von dieser Stadt erzählt man sich, daß wer einmal von ihrem Charakter, von ihrem Charme gepackt wurde, nicht so schnell von ihr loskommt, und viele sind aus diesem Grunde wohl hier geblieben. In den nahen Sümpfen rings um die Stadt, die voll sind mit Wasserbüffeln, gibt es Lagunen voller Lotos und zahlreiche Vögel: Silberreiher, Kraniche und Ibisse, sowie gackernde Wasserhühner täuschen einem wieder einmal das Paradies vor.
Das Paradies ist für uns erst einmal ein mächtig großer Caravanpark, wo man uns erlaubt, die Zelte aufzubauen und uns die Erfindungen unseres Jahrhunderts mit Stolz präsentiert: das ist ein Waschsalon, das sind blinkende Duschräume und Toiletten, ein Fernsehraum und ein Supermarkt. Dies alles darf von uns benutzt werden und wer sein Zelt gerne bei den Lagunen, den Lotosblumen aufgeschlagen hätte, wird ungläubig belächelt und nicht für voll genommen, gibt es doch diese wunderschönen Campingplätze mit der Nüchternheit unseres modernen Zeitalters und der sachlichen Architektur eines Schachbretts. Doch die kreischenden Papageienschwärme kommen sogar hierher und vermitteln mir das Gefühl, auch auf dem Campingplatz Darwins etwas von der Natur geschenkt bekommen zu haben, wenn ich die bunte Vogelschar füttern und bewundern darf, die uns von nun an täglich besuchen wird.
Es ist nach jeder Fahrt eine bleierne Müdigkeit, die einen, am Ziel angekommen, befällt, und gleichzeitig ist es eine innere Unruhe, die Neugierde, das noch nicht Gesehene kennenzulernen. Bei mir siegt meist die zweite Dame, die Neugierde. Geduscht und mit frischen Kleidern machte ich mich vom abseits liegenden Lagerplatz auf den Weg, die Stadt zu erkunden und das Meer wieder zu sehen. Nachdem schon einige Autofahrer angehalten hatten, um mich unaufgefordert mitzunehmen, entschloß ich mich, beim 3. oder 4. freundlichen Fellow einzusteigen und das mühsame Wandern auf schnurgerader Asphaltstraße aufzugeben. Nach dem üblichen Begrüßungszeremoniell , das mit der Frage anfängt „how're you going maid“, und meiner Antwort „not bad, not bad“, dann

kommt das übliche Geschwätz über das Wetter und ich bin nicht so recht in Stimmung, eine große Diskussion zu beginnen. Mittlerweile sind wir schon auf der Mainstreet, jener Hauptstraße, die mitten durch das Shopping-Center führt. Ich bedanke mich bei dem freundlichen Autofahrer, steige aus und schnuppere in die Luft der nördlichsten Stadt Australiens, die sich Darwin nennt.

36

Die nördliche Region des 5. Kontinents hat am meisten unter Menschenmangel zu leiden. Das Problem der Besiedlung: Das Gebiet bildet $^1/_5$ des ganzen Kontinents und bis zum heutigen Tag leben hier nur etwa 70 000 Menschen. Geht man davon aus, daß die Menschen Australiens der letzte Vorposten europäischer Zivilisation im Südpazifik sind, mit Ausnahme Neuseelands, so fragt man sich besonders hier, an diesem Ort, ob die Politik der Isolation, die von der australischen Regierung jahrelang befolgt wurde, richtig war. Die nächsten Nachbarn sind Asiaten, Polynesier und Melanesier. Ihre Kultur haben die Australier von England, Großbritannien mitgebracht, doch bis dorthin sind es 18 000 km über den Indischen Ozean und durch den Suez-Kanal. Mehr oder weniger gern läßt man sich von Amerika beeinflussen, doch bis an die Westküste der Vereinigten Staaten sind es 12 000 km.
Ist die Angst der Australier vor den Asiaten berechtigt? Hier in Darwin begegne ich ihr mehr als anderswo. Bis 1942 beherrschte die britische Flotte die Ozeane der Welt. Damals besetzten die Japaner Singapur und eroberten Papua-Neu Guinea. Als dieses Ereignis Australien unmittelbar bedrohte, begann ein Trauma, das noch heute anhält. Als die USA danach dann noch in Vietnam scheiterten und ihre Truppen aus Südostasien abzogen, fühlte sich Australien völlig auf sich allein gestellt. Doch auf lange Sicht gesehen, will mir die Isolationspolitik Australiens nicht einleuchten. Ich kann nicht glauben, daß Australien eine überwiegend weiße europäische Nation bleiben kann, wo alle anderen Nachbarn farbig sind.

Seit dem Jahre 1901, der Zeit der Föderation, betreibt Australien die Politik eines weißen Australien, obwohl dieser Ausdruck in keinem Parlamentsgesetz jemals auftauchte. So haben alle Regierungen stets darauf geachtet, daß sowohl schwarze, braune und gelbe Einwanderer als „Nicht-Europäer“ bezeichnet wurden und keine dauernden Niederlassungsrechte in Australien erhielten. Im Jahre 1969 wurde diese Politik modifiziert, doch noch lange nicht grundlegend geändert. Erst die Labor-Regierung hat sich verpflichtet, jegliche Diskriminierung auf Grund von Farbe oder Rasse abzuschaffen, es sollen – theoretisch zumindest – die persönliche Qualifizierung einen Emigranten auszeichnen und die Fähigkeit, sich in die australische Gemeinschaft einzufügen. Nichts desto trotz wage ich zu behaupten, daß auch diese Regierung es verstand, die Zahlen der asiatischen Einwanderer in Grenzen zu halten. Zahlen wurden noch nicht veröffentlicht. Der Australier würde mit all seiner Kraft dagegen angehen, wenn die Zahl der asiatischen Einwanderer beträchtlich stiege. Es ist kein Geheimnis, daß die Summe der Nicht-Europäer etwa 5% der Gesamtbevölkerung beträgt.
Doch dieser ganze Komplex gehört zur Debatte über die ideale Größe der australischen Bevölkerung. Seit Ende des 2. Weltkrieges zerbrechen sich alle Parteien den Kopf und es herrscht die Ansicht, je mehr Menschen, desto besser für die Wirtschaft und die Verteidigung des Landes. Eine populäre Parole verkündet: „bevölkert oder geht zugrunde“. So wurde eine gezielte Einwanderungskampagne in ganz Europa betrieben, Zahlen geben uns auch hier eine Antwort. Aus den Jahren 1969 und 1970 können wir eine Summe errechnen, die sich zwischen 100 000 und 185 000 pro Jahr bewegt. Auch hier waren es zur Hälfte Briten, die den 5. Kontinent als neue Heimat auswählten. In den folgenden Jahren begann die Quelle des Einwanderungsstromes auszutrocknen. Nationen, die in den 50er und 60er Jahren Australien bevölkerten, haben jetzt selbst einen akuten Mangel an Arbeitskräften. Australien kann seit Bestehen des gemeinsamen Marktes mit den europäischen Löhnen nicht mehr konkurrieren.
Aus der Opposition melden sich Stimmen die meinen, euro-

päische Einwanderer, die heute noch nach Australien kommen, seien Figuren, die im eigenen Land gescheitert sind. Es herrscht natürlich noch keine Überbevölkerung, doch nach Ansicht der Labor-Regierung wurde die Einwanderungsziffer pro Jahr auf 110 000 begrenzt. Hier wurde festgesetzt – von einer 1971 gegründeten bevölkerungspolitischen Untersuchungskommission (National Population Inquiry) – daß, so lange ungewiß ist, wieviele Einwanderer gebraucht werden, die Zahl der asiatischen Einwanderer nicht erhöht wird.
In diesem riesigen Naturparadies, als das ich den 5. Kontinent immer gesehen habe, scheint sich ein neues Problem anzubahnen, ein Problem, das seit einiger Zeit auch alle anderen Länder der Welt beschäftigt – das Problem der Umweltverschmutzung. Es steht außer Zweifel, daß Australien Menschen braucht, Menschen, die seine reichen Quellen nützen und weiter entwickeln. Die Frage ist, wieviele Menschen und die zweite Frage ist, was sollen es für Menschen sein, nur Europäer oder doch Asiaten, Hindus, Moslems oder nur Christen? Sollte Australien einmal entscheiden, die Einwanderung einzustellen, in die alte Politik der Isolation zurückzufallen und sich seines eigenen Glücks zu freuen, so brauche ich kein Prophet zu sein, um zu fragen, wie lange wird die übrige Welt den 5. Kontinent in Ruhe lassen? Weltprobleme der Rohstoffverknappung lassen immer mehr den Blick nach Australien wandern. Die gewaltigen Hilfsquellen des 5. Kontinents – bedeuten sie seine Stärke oder sind sie seine größte Gefahr?
Ich stehe vor einem Gebäude nicht größer und höher als ein Wohnhaus und aus dem gleichen Blech gebaut wie die Lagerhäuser in der Hafengegend, nur am Eingang stehen zwei etwa 1,5 m große steinerne Löwen. Die schöne verzierte rotgoldene Eingangstür läßt erkennen, daß es sich nicht um ein beliebiges Gebäude handelt: es ist ein chinesischer Tempel. Ich bin neugierig und gehe durch die Tür, als mich fremdartige Wohlgerüche empfangen und mich merkwürdig berühren. Für mich fremde Bilder, Drachengemälde, Buddhas, kleine Stühle zum Sitzen und Niederknien füllen den Raum aus. Ich bin fast an der Stirnseite angekommen, um den buntglänzenden Buddha zu bewundern, als mich eine Stimme aus meinen

Gedanken reißt und erschreckt. Ein Asiate ist in den Raum getreten, ohne daß ich ihn bemerkt habe. Seine aufgeregten Worte kann ich nicht verstehen und seinem Gesicht und seinen herumfuchtelnden Händen nach zu urteilen, möchte er mich am liebsten aus seinem Heiligtum hinauswerfen. Ich entschuldige mich, ohne daß ich weiß, was er gesagt hat, erzähle ihm, daß ich Deutscher sei und mich für diesen Ort interessiere. Nun merke ich, daß der aufgeregte Mann englisch spricht. Es bereitet ihm Schwierigkeiten, doch ein freundschaftliches „doesn't matter" und ein Händedruck verschaffen mir einen guten Abgang. Ich wagte nicht zu fragen, ob ich an diesem heiligen Ort fotografieren dürfte, so nehme ich nur die Eindrücke, das Gesehene, mit und glaube zu wissen, daß diese Menschen es immer schwer haben werden in einer Welt, in der die Weißen herrschen und Zugeständnisse nicht gern gemacht werden.
Es war bestimmt kein Zufall, daß ich an diesem späten Nachmittag bei einem Chinesen einkehre und fried-rice, Hühnerbrust, Morcheln und Bambussprossen esse. Mit meinem Wissen über das Einwanderungsproblem und mit all dem Gesehenen beschließe ich, ein Gespräch mit dem chinesischen Restaurantbesitzer anzufangen. Um ehrlich zu sein, ich war erstaunt, auf meine Frage „wie findest Du Australien und wie bist Du hier mit Deinem Leben zufrieden?" nur die eine Antwort zu hören „very good, very good. Australien ist ein gutes Land und der Kontinent hat viel Platz für viele Menschen. Meine Kinder gehen zur Schule und man läßt mich mein Geschäft betreiben, das uns genug Geld bringt zum Leben. Was wollen wir noch mehr?" Ich finde noch Zeit nach dem ausreichenden Mahl, mir den Hafen anzusehen, ein Stückchen Strand zu begutachten und will vor dem Dunkelwerden unseren Lagerplatz aufsuchen.
Bei all den vielen fremden Eindrücken war ich erleichtert, in die Innenstadt zurückgekehrt, unseren Bus zu sehen. Es war mittlerweile so etwas wie ein fahrendes Zuhause, verbrachten wir doch die meiste Zeit des Tages in ihm und noch viele hundert Meilen über Wüsten und Geröllflächen sollte er uns hinwegtragen. Jetzt sah ich auch Bill Eight, unseren Fahrer, der

schnell hierher gefahren war, um einige Wetten zu tätigen. Irgendwo in Melbourne, Sydney oder Perth gab es gerade wichtige Pferde- oder Hunderennen, auf die er nicht versäumen wollte, sein sauer verdientes Geld zu setzen. „Bloody German, wie bist Du hierher gekommen? Ich dachte, Du liegst schon längst bei den andern im Zelt und schläfst"! Ich war müde und froh, daß ich mir den Fußmarsch ersparen konnte und fuhr mit Bill die gut ausgebaute Hauptstraße zurück zu meinen Reisegefährten.
Bill fragte mich auf der Fahrt, was wohl interessanter für uns wäre, den Tropenwald, die Krokodile, Wasserbüffel und vielleicht einen Waran zu sehen oder auf die Inseln überzusetzen, nach Bathurst Island oder Melville Island. Mit etwas Glück könnte man dort vielleicht sogar einen Eingeborenenstamm besuchen. Der Bus mußte dringend in eine Werkstatt und generalüberholt werden. Das könnte man alles ganz gut verbinden. Wir bleiben 1, 2 Tage auf den Inseln und in dieser Zeit würden die Automechaniker den großen Riß im Bodenblech des Busses flicken und die Hinterachse untersuchen, die wahrscheinlich sogar ausgewechselt werden mußte. Es blieb uns also gar keine andere Wahl, zumal wir den Tropenwald ja wirklich schon kennengelernt hatten und zugegebenermaßen interessierten mich die Aborigines auch am meisten. Das Schlitzohr Bill hatte unsere Einwilligung natürlich schon vorausgesetzt und für den nächsten Tag 3 Fischerboote, die uns zur Insel übersetzen sollten, gechartert. – Traudl hatte noch kein Auge zugemacht, Wäsche gewaschen und alle möglichen nützlichen Dinge getan, um die ich mich nicht kümmerte und allzu oft als selbstverständlich hinnahm. Ich war zufrieden mit dem Tag und mit dem Erlebten. Mein Schlafsack diente mir nur als Unterlage und kaum hatte ich mich hingelegt, schlief ich auch schon ein. – Mit den letzten Gedanken stellte ich mir die kleine Tropeninsel vor, Eingeborene, die noch nackt ihr ursprüngliches Leben führen konnten.

37

Am nächsten Tag sollte es doch etwas anders kommen und die Abfahrt mit den Booten vom Hafen Darwins aus verzögerte sich um einige Stunden. Bill hatte Schwierigkeiten mit der Werkstatt, es gab keine Ersatzteile, alles konnte nur notdürftig repariert werden. Ich verzichtete darauf, mich irgendwo hinzusetzen und mir bei Kaffee und Kuchen die Zeit zu vertreiben; dafür war auch Darwin viel zu interessant. Unberührt von der Zeit erscheint einem oft das Bild der Kleinstädte Australiens. Wunderschöne alte Veranden mit Holzgeländern rechts und links der Hauptstraße. Tatsächlich gibt es noch fast überall Holme zum Anbinden der Pferde. Immer wieder kommt mir der Vergleich in den Sinn mit den Kulissen einer Westernstadt aus amerikanischen Cowboyfilmen. Wellblech ist ein beliebtes Material und aus ihm werden nicht nur die Dächer, sondern ganze Häuser gebaut.
Fast alle Stadtbewohner besitzen einen Wagen. Die Hausfrauen sind nicht selten den halben Tag damit beschäftigt, Supermärkte und Kaufhäuser aufzusuchen, in denen man fast alles kaufen kann, was irgendwo auf der Welt hergestellt wird. Darwin besitzt genug Pubs und wohl genauso viele Clubs, in denen sich das kulturelle Leben der Stadt abspielt. Es gibt 2, 3 Kinos und für die modebewußten Damen sogar einige Boutiquen, die etwas vom Kaufhausstil abweichen. Von den Männern wird legere Kleidung bevorzugt, wobei die vielen Lastwagenfahrer, die Darwin mit allen möglichen Gütern beliefern, ihre eigene Uniform geprägt haben; knapp: sie bevorzugen ein blaues Unterhemd, schwarze Fußballshorts und Stiefel oder billige Sandalen.
Die Hitze hat mich durstig gemacht und treibt mich nun in eine Snackbar. Hier gibt es Sandwichs, gebratenes Hühnchen, Hot dogs, Hamburger, süßen klebrigen Kuchen, Orangensaft, etliche Milchmixsorten, Sodawasser und Eiskrem. Ich beginne mit dem Hamburger „with everything“, das ist wirklich ein Hamburger mit allem, was der geschäftstüchtige Grieche gerade unter die Finger bekommt, zum Schluß ein Apparat, der mir beim Zubeißen Schwierigkeiten macht, so

daß ich beinahe den Kiefer ausgerenkt hätte. Dazu schlürfe ich eiskalten wunderbaren Orangensaft, da schwimmt noch so richtig das Orangenfleisch dick und nahrhaft im Glas herum. Nach dieser Mahlzeit bin ich topfit und mache mir schon Gedanken, wie der Tag wohl weitergehen soll. Zuerst will ich feststellen, wie weit Bills Verhandlungen gediehen sind und was die anderen Reisegefährten zu unternehmen gedenken. Da wird meine Aufmerksamkeit von einigen Eingeborenen in Anspruch genommen, die auf dem Bürgersteig herumsitzen und wohl nicht recht wissen, mit was sie den Tag verbringen sollen. Ihr Lager ist einige Kilometer außerhalb der Stadt: baufällige Hütten, unzählige Autowracks, junge und alte Menschen, dazu eine Vielzahl kleiner Kinder, bettelnde Känguruhhunde – das ist ihr Darwin. Das Lager hatte ich vom Bus aus schon gesehen, als wir gestern die Stadt erreichten. Für ein paar Cents hatten sie schon Alkohol genossen und das genügte, um ihre Gedanken aus der Wirklichkeit herauszureißen und das sinnlose, verpfuschte Leben etwas angenehmer zu machen, wenn auch nur für ein paar Stunden.
Vermutlich sind die Vorfahren dieser Eingeborenen im Gegensatz zu den Südstämmen früher mit Fremden in Berührung gekommen. Ihre Väter verstanden es dennoch, ihre Gesellschaftsordnung, die alten Gesetze zu bewahren. So vermutet man, daß in Arnhemland die Küstenstämme schon jahrhunderte vor dem Erscheinen der Engländer Kontakt hatten mit malaiisch-indonesischen Fischern. Der Nordwestmonsun brachte die Boote der nach Seeschnecken suchenden Menschen immer wieder in neue Fanggründe, so könnte die Begegnung beider Völker sich abgespielt haben. Bei dieser Gelegenheit warben die malaiisch-indonesischen Fischer die Ureinwohner Australiens als Arbeitskräfte an. Die Südostwinde brachten sie nach Monaten in ihre Heimat zurück. Man fand heraus, daß im nördlichen Teil der Cap York Halbinsel Queenslands Eingeborene mehreren Fremdeinflüssen ausgesetzt waren. So reichten die Verbindungen über die Bewohner der Insel der Torresstraße bis zu den Kulturen Neu Guineas.

38

Die Insel, die wir besuchen wollen, heißt Bathurst Island und liegt zwischen dem Joseph-Bonapart-Golf und dem Van-Diemen-Golf. Man nennt das Meer hier Timorsee. Auf der anderen Seite nach dem Barrierriff hin, gibt es den Carpentaria-Golf und die See nennt man hier Arafurasee. Im Carpentariagolf im Norden Queenslands leben auf der Morningtoninsel die *Lardiel*. Leider habe ich bei meinem Trip durch Australien keine Gelegenheit, diesen Stamm zu besuchen. – Es sind immer eine Menge Gedanken und gelesenes Wissen und eine angespannte Erwartung, die es zu befriedigen gilt, als unser kleines Fischerboot endlich den Hafen von Darwin verläßt und gemächlich bei ruhiger See die kleine Insel, die unser heutiges Ziel sein soll, ansteuert. Ich wage nicht, den Eingeborenenstamm auf Bathurst Island mit dem der Lardiel auf Mornington zu vergleichen. Unbestritten gehören beide zur großen Familie der Aborigines, doch glaube ich, daß die Lardiel noch viel ursprünglicher leben als die Gruppe schwarzer Menschen, die uns nach der Schaukelüberfahrt am Bootsanlegesteg freundlich winkend erwartet.
Entgegenkommend helfen sie uns aus den Booten (denn nach unserem kommen noch zwei andere Fischerboote, die Bill gechartert hat, in den kleinen Hafen). Eine steile Treppe gilt es hinaufzusteigen, einfache halbe Baumstämme sind in den lockeren Boden eingelassen. Sie ermöglichen uns einen mühelosen Aufstieg. Oberhalb des Hafenbeckens steht ein verwitterter Kolonialbau, ein geschäftstüchtiger Holländer lebt hier mit seiner Familie. Er führt in dem Gebäude einen Pub und eine Art Hotel für die gelegentlichen Übernachtungen. Die Eingeborenen, die hier leben, sind mehr oder weniger von diesem Herrn abhängig, helfen in der Küche oder bei sonstigen anfallenden Arbeiten. Wie alle anderen Pubs, die ich bisher kennengelernt habe, besteht auch dieser fast ausschließlich aus einer riesigen Theke. Verschiedene Biersorten, Whisky, Gin, der übliche Stoff um das Hirn zu benebeln. Ich entdecke an den Wänden zahlreiche Fotos, auf welchen Pioniere aus vergangenen Tage abgelichtet sind. Das sind sehnige Bur-

schen mit breitkrempigen Hüten und wettergegerbtem Gesicht. Nicht selten stehen an ihrer Seite schwarze Helfer, Aborigines, die als Spurenleser den Weißen gute Dienste erwiesen. Ich geselle mich zu den andern an die Theke, bestelle ein Bier und frage den Holländer, ob ich bedenkenlos die Insel erkunden könnte. Er äußert keine Einwände.
So mache ich mich auf den Weg, laß mich von meinem Instinkt leiten auf einem Trampelpfad, den viele Füße schon gegangen waren. Es dauerte nicht sehr lange, bis die ersten nackten Kinder mir entgegen kamen. Außer meiner Kamera hatte ich nichts dabei. Meine Leinentasche, die ich sonst immer bei mir trug, lag bei Traudl, die mit den anderen zurückgeblieben war, im Pub. Für die kleinen schwarzen Aborigineskinder war ich wohl eine Enttäuschung. Wie sehr hatten sie sich doch auf mitgebrachte Kekse und Süßigkeiten gefreut. Ich habe nicht daran gedacht, seid mir nicht böse! Alles was ich tun konnte, war ein freundliches Streicheln über die Lokkenköpfe. In etwa 30 m Entfernung sehe ich graue Rauchwolken hochsteigen, ein Lagerfeuer in dichtem Tropengestrüpp. Dort scheint der restliche Stamm zu lagern. Ich bekomme Herzklopfen und bin aufgeregt, wie die Leute mich empfangen werden. Sind es vielleicht doch nackte Wilde wie die Lardiel auf Mornington Island oder schon der Zivilisation angepaßte Menschen, in abgelegte Kleider von einer Mission gesteckt? Meine zweite Vermutung trifft zu.
Ausschließlich Männer hocken auf dem Boden um das Lagerfeuer gruppiert, sie tragen alte Jeans und karierte Hemden und beschäftigen sich mit dem Buntmalen von Firesticks und *Didjeridoos*. Die Farben fertigen sie selbst an und als Pinsel dient eine feine Holzfaser. Drei Farben: braun, gelb und schwarz sind die einzigen Töne, die ich erkennen kann. Man nickt mir mehr oder weniger freundlich zu und auf meine Frage, ob ich mich zu ihnen gesellen darf, bekomme ich nur eine unzureichende Antwort. Viele Köpfe senken sich zu Boden. Ein junger Aboriginal kommt auf mich zu und spricht mich in Pidgin-Englisch an. Seine Frage habe ich erwartet: „Was möchtest Du hier?" Ich erzähle ihm, daß ich Deutscher sei, das Land zur Zeit bereise und mich die Probleme der

schwarzen Ureinwohner Australiens interessieren. Auf meiner Fahrt hatte ich schon sehr viele Fotos gemacht und es würde mich freuen, auch hier welche machen zu können, doch wenn ich sonst etwas für euch tun kann, bin ich gerne dazu bereit. In diesem Moment schauen mich sehr viele Augen an und aus den Mündern mit den dicken Lippen kommt nur ein Wort und das lautet „Bier".
Heiliger Strohsack, jetzt bin ich in einer verfluchten Lage. Es ist mir sehr wohl bekannt, daß kein Weißer ein Aboriginesreservat betreten darf, um den Menschen dort Bier zu bringen, aber meine neuen Freunde bestehen nun mal darauf, nichts anderes als ein paar Dosen des geliebten Stoffs sollen es sein und sonst nichts. Ich habe noch nie in meinem Leben sehr lange überlegt, um eine Entscheidung zu treffen. So mache ich mich auf den Rückweg mit dem Versprechen, bald wieder hier zu sein und das Versprochene mitzubringen. Wie wird der holländische Pubwirt reagieren wenn ich – ja wieviel denn überhaupt – Bierbüchsen kaufe? Ihm kann es ja schließlich egal sein, doch wer sagt mir, wieviel die Aborigines vertragen? Schnell beschwipst fangen sie vielleicht zu randalieren an und dann wird man nachforschen, wer das Bier in das kleine Reservat geschleppt hat. So beschließe ich, für jeden nur 1 Dose mitzubringen. Das haut keinen Mann um, aber in meiner Aufregung habe ich vergessen, die Köpfe abzuzählen. In meine Stofftasche passen 12 Dosen, mehr kann ich also sowieso nicht schleppen. Die Fotoausrüstung in der linken, das Bier in der rechten Hand, so breche ich auf, zurück zu meinen neuen Freunden.
Ein richtiges Gejohle bricht aus, vielleicht haben sie gar nicht damit gerechnet, daß ich wiederkomme. Einige klopfen mir freundschaftlich auf die Schulter. Herrje, hoffentlich reichen die Dosen auch aus. Sollte einer dummerweise jetzt nichts zu trinken haben, ich weiß nicht, wie er regieren wird! Doch ich bin erleichtert, tatsächlich sind es nur 11 Männer, die hier um mich herum stehen, so bleibt sogar für mich noch eine Dose übrig. Ich kann Fragen stellen, der junge Eingeborene stellt mir seine Stammesbrüder vor. So lerne ich seinen Vater, seinen Bruder, seinen Onkel kennen und zwei vom Ältestenrat

des Stammes sind auch anwesend.
In dieser Minute kommt ein Caravan durch den Wald gebraust. Ich weiß nicht, ob gearbeitet wird auf der Insel und was die Männer für einen Dienst verrichten, doch sie halten an, machen dumme Bemerkungen und reizen mit ihrem Gelächter die schwarzen Menschen. Minuten der Spannung, in denen ich mich für die weißen Australier schämen mußte – Minuten der Angst, in denen ich die Burschen im Auto schon aufgeschlitzt und erschlagen, aus dem Wagen gezerrt, tot daliegen sah. Ich hatte vorher nicht darauf geachtet, welche Waffen um das Lagerfeuer herum lagen, doch plötzlich erkannte ich unter jedem Oberschenkel der knieenden und sitzenden Aborigines Messer und Beile hervorblitzen. Der Fahrer gibt Gas und der Wagen schießt genauso schnell davon, wie er gekommen war. Ich bin erleichtert und auch die schwarzen Menschen um mich herum entspannen sich wieder und der Haß beginnt aus ihren Blicken langsam zu weichen. Ich habe es schwerer als vorher, denn wenn es nur eine Kleinigkeit des Hasses ist, so merke ich doch, daß dieses Wenige auch auf mich übertragen wird. Es wird eine Zeit dauern, bis man mir volles Vertrauen schenkt. Wo sind eigentlich die Bierbüchsen geblieben? Auch sie wurden von den Männern schnell versteckt, als das Auto auftauchte.
Ich lasse nach und nach jeden einmal durch meine Kamera schauen und das aufgeschraubte Teleobjektiv ist für sie etwas ganz Neues. Kann man doch damit, wenn man nur leicht an der Optik dreht, einen weit entfernt stehenden Baum oder Strauch ganz nahe heranholen. Ist die Kamera schließlich bei mir angelangt, schau ich selbst hindurch, stelle scharf und mache meine gewünschten Portraitfotos. So geht das ganz gut, 10, 15 Minuten lang, bis ich am Schluß unzählige Filme und Bilder geschossen habe. Der Vater des jungen Aboriginal, der mir als Dolmetscher dient, fällt mir nun ganz besonders auf. Was ist das für eine rot-gelb glänzende Pfeife, die er zwischen den Zähnen festhält und genüßlich pfafft? Ich möchte mir das Rauchinstrument gerne einmal anschauen. Etwa daumenlang und daumendick, erkenne ich einen knöchernen Gegenstand. „Aus was macht ihr so eine Pfeife?“ ist meine

nächste Frage. Ich verstehe das Wort „animal", aber was für ein Tier ist es? Mit einem Stöckchen zeichnen sie mir in den sandigen Boden ein undefinierbares Ding. Ich muß gestehen, ich stellte mich auch wirklich dumm an, bis ich wußte, daß es die Greifzange eines großen Krebses ist. Geraucht werden einfache getrocknete Blätter und Gräser, die zwischen den Fingern zerrieben werden und in die Aushöhlung hineingestopft in wenigen Minuten verpfafft sind. „Laßt mal Euern Gras- und Blättertabak aus der Pfeife, ich geb jedem von Euch von meinen Zigaretten". Wieder bekam ich auf die Schultern geklopft und die alte freundschaftliche Stimmung war wieder hergestellt.
Zur Erinnerung hätte ich gern die Krebspfeife erworben. Ich gab meinem Wunsch Ausdruck und der junge Aboriginal, den ich Philipp nannte, sprach ihn für mich aus. Die Antwort der Eingeborenen war eindeutig mit dem einen Wort artikuliert, das „Bier" lautete. Nochmal Bier! Für mich, so dachte ich, bedeutet es die Entlarvung vor dem holländischen Pubbesitzer, konnte ich doch schlecht in dieser kurzen Zeit 12 Büchsen Bier alleine getrunken haben. Doch allein schon um klare Gedanken zu gewinnen, machte ich mich auf den Weg, zurück zu den andern. Es gab keinen, mit dem ich mich beraten konnte und hätte ich Traudl von meiner Aktion und dem Vorhaben des Tauschgeschäftes erzählt, sie hätte versucht, mich zurückzuhalten. Aber es gab vielleicht doch eine Möglichkeit!
Mittlerweile hatten sich einige meiner Reisegefährten, rings um den Pub gruppiert, in das Gras gelegt und so mancher nippelte an irgend einer Getränkedose herum. Konnte es denn nicht sein, daß ich für den einen oder anderen die Getränke freundlicherweise holte? Sollte mich der Holländer ansprechen, so wollte ich dies als Antwort geben. Doch nichts geschah, ich bekam meine Biere und packte sie in den Leinenbeutel. Auf dem Weg zurück ins Aborigineslager traf ich Traudl und versprach ihr, nicht mehr lange fortzubleiben. Auch sie war gespannt, ob ich nun die Knochenpfeife bekommen konnte. Ich hatte keine Lust, die Wirkung der zweiten Runde Bier abzuwarten und wollte so schnell wie möglich

das Tauschgeschäft abwickeln. So ging ich zielstrebig zurück ins Lager, verteilte die Bierbüchsen, steckte das rosarote Pfeifchen in die Hosentasche und machte mich auf den Rückweg, als mir der junge Aboriginal – dem ich den Namen Philipp nach dem Vornamen meines Vaters gegeben hatte – mitteilte, die Männer wollten nachher zu uns kommen und ein paar ihrer alten Tänze vorführen. Solange die Sonne nicht unterging, konnten dies für mich schöne Fotos werden. Mittlerweile hatte ich auch Hunger und Durst und dachte daran, bei dem Holländer etwas zu essen und zu trinken. Ein Gefühl der Zufriedenheit überfiel mich. In solchen Momenten steck ich mir gern ein Pfeifchen ins Gesicht; die billigen Maiskolbenpfeifen, die man in Australien bei jedem Friseur kaufen kann, schmeckten mir am allerbesten. Meine Reisegefährten lagen faul auf der Wiese um das alte Kolonialhaus herum und Traudl, meine Freundin, hatte sich's gemütlich gemacht. Stolz griff ich in die Hosentasche und zeigte mein Souvenier, das ich von diesem Tage an wie einen Augapfel hüten sollte.

39

Tatsächlich erscheinen meine Freunde aus dem Regenwald am späten Nachmittag und hatten der Tradition entsprechend ihre Körper mit Naturfarben bemalt und nur ein roter Lendenschurz diente als einziges Bekleidungsstück. Ein paar dumme Bemerkungen wurden von weißen Australiern gemacht, doch ich war fasziniert. Zudem kannte ich sie alle von meinem kleinen Ausflug her und in so mancher der folgenden Tanzbewegungen konnte ich eine leichte tapsige Unsicherheit entdecken, die wohl von meinen Bierrunden herrühren mochte. Phillipp tanzte einen Buffalotanz; Hanky, von dem ich die Pfeife hatte, spielte auf dem Didjeridoo (Blasinstrument). Es folgte ein Schlangentanz, alles mit monotoner Musik und Gesang begleitet. Bis die Sonne unterging agierten die schwarzen Tänzer. Ich war gefesselt, hatte mich in den Kreis gesetzt, um die Darbietung mit all ihrer Ausdruckskraft bewundern zu können. Einer der Tänze, so schien es mir, war ein Fruchtbarkeitstanz.

In der Vergangenheit besaßen manche Männer des Stammes der *Tiwi*, zu dem auch meine neuen Freunde gehörten, bis zu 20 Frauen, andere hingegen besaßen überhaupt keine Frau. Man gestand den Frauen zu, während ihrer Lebenszeit mehrmals verheiratet zu sein, das sogenannte Heiratssystem gab den Frauen eine große Sicherheit. Hatte man den ersten Mann ohne ihr Zutun gewählt, so hatte eine Witwe schon die Möglichkeit, ihren neuen Gatten selbst zu bestimmen. Das Christentum brachte andere Wertvorstellungen und das traditionelle Heiratssystem hatte keine Bedeutung mehr.

Nach den Darbietungen stehen die Tänzer in kleinen Gruppen herum, schauen zu uns Weißen herüber und mir wird so richtig die große Kluft zwischen den australischen Ureinwohnern und dem weißen Mann bewußt. Es interessiert mich, was diese Menschen hier tun, womit sie sich beschäftigen, den Tag verbringen und das Nötige zum Leben schaffen. Wieder ist Phillipp mein Dolmetscher. Die schwarzen Menschen sind dankbar, so scheint es mir, reden zu können. Der eine und andere meiner Reisegefährten gesellt sich zu uns. So wird eine kleine Brücke geschlagen und mir scheint, daß so mancher Australier weniger von den Ureinwohnern des 5. Kontinents weiß als ich, der ich doch ein Fremder bin in diesem Land.

Die Tiwi sind seßhaft geworden. Sie haben ihre alten Lebensformen als nomadisierende Jäger und Sammler aufgegeben, leben um die katholische Mission auf Bathurst und um die beiden Verwaltungsstellen auf Melville, der Nachbarinsel. Es gibt Arbeit in der Holzwirtschaft, ihre Kinder haben die Möglichkeit, die Schulen zu besuchen. Zahlreiche von ihnen leben sogar in richtigen Häusern. Die Mission versorgt sie mit den nötigen Lebensmitteln, doch immer wieder überkommt sie der Wunsch nach ihrem alten Leben. Dann legen sie ihre Kleider ab, streifen durch den Busch um Wallabys, Eidechsen und sonstige Beuteltiere zu jagen. In dem warmen weißen Sand der Strände rings um die Insel suchen sie nach Schild-

kröteneiern und Austern. 150 km weiter, in Darwin bietet sich auch Arbeit an für die jungen Aborigines.
Doch selbst die christliche Mission und unsere Zeit des Wirtschaftswunders konnte die Tiwi nicht erschüttern, ihre traditionellen Glaubenszeremonien aufzugeben. So pflegen sie heute noch die Rituale beim Tode eines Stammesangehörigen oder am Ende der Regenzeit. Die alten Gesetze besagen, daß in der Zeit der Fülle die jungen Männer und Mädchen in die Riten des *Kulama-Yam* eingeführt und somit in das Leben der Erwachsenen aufgenommen wurden. Die Trauerfeier, das *Pukimani* wird Monate nach der Beerdigung zelebriert. Die Verwandten des Verstorbenen befinden sich bis zu diesem Zeitpunkt in einem Tabu-Zustand. Nur mit kunstvoll geschnitzten Zeremonialspeeren und bemalten Rindenkörben dürfen sie der Toten gedenken. Es sind andere, die in dieser Zeit Grabpfosten richten und eine Begräbnisfläche bauen für die zweitägige Pukimanifeier. Je größer das Ansehen des Verstorbenen war, desto zahlreicher ist die Summe der Pfosten; bis zu 20 Stück werden hergestellt für eine solche Feier. Bemalung des Körpers und Tänze um die Grabstelle und Pfosten gehören dazu, den Geist des Toten zufriedenzustellen. Jedes Pukimani endet damit, den Geist zu bitten, nicht mehr in das Leben einzugreifen.
Heute leben noch etwa 1000 Stammesangehörige der Tiwi, die sich über die beiden Inseln Bathurst und Melville verteilt haben. Es gibt einen lebhaften Pendelverkehr, wobei die Eingeborenen sehr gute seestarke Einbäume verwenden.
Nachdem ich dies alles gehört habe, überkommt mich wieder ein Gefühl der Rastlosigkeit und ich möchte unabhängig sein von der Reisegruppe, möchte meinen eigenen Weg gehen. Hier gibt es noch sehr viel zu ergründen. Wäre es nicht geradezu phantastisch, mit Philipp meinem neuen Freund einen Einbaum zu besteigen und hinüber zu paddeln nach Melville? Doch die Fischerboote warten auf uns. Noch heute Nacht tuckern wir zurück nach Darwin, es gibt wieder einen Ort mehr, den ich bestimmt noch einmal besuchen werde. Zum Abschied wünsche ich meinen Freunden ein langes Leben. Philipp steckt mir bunt bemalte Firesticks und Rhythmushöl-

zer zu, die ich gerne mitnehme. Sie liegen heute noch in einem kleinen Glasschrank bei mir zu Hause, zusammen mit der Knochenpfeife von Hanky und vielen anderen Gegenständen, die ich auf meinen Fahrten durch Australien gesammelt habe. Unser Boot gleitet langsam aus der schmalen Bucht, zurück bleiben eine handvoll schwarzer Menschen, denen ich zuwinke. Mein Magen verkrampft sich und mein Herz schlägt wie rasend gegen den Brustkasten. Für wielange werde ich hier nicht mehr herkommen? Noch zwei Wochen verbleiben mir für die Fahrt von Darwin über Katherine, Daly Waters, Tennent Creek, Alice Springs, Coober Pedy, durch das Barossatal, Adelaide, Melbourne an Canberra vorbei, der Hauptstadt Australiens, zurück nach Sydney. Meine Zukunft ist ungewiß, ich weiß nicht, wie lange wir noch in Australien bleiben werden, doch mein Heimweh, zurückzukehren zu den schwarzen Menschen, mehr über sie kennzulernen, sie zu verstehen, das wurde in dieser Stunde des Abschieds ein Wunsch, der mich nie mehr losließ. „Bye-bye ihr Tiwis, es soll kein Abschied für immer sein“. Traudl drückte sich fröstelnd an mich, die sternklare Nacht, die nun hereingebrochen ist, bietet den richtigen Rahmen zum Träumen. Es ist der 4. Juli 1972, in 4 Tagen hat Traudl ihren 22. Geburtstag. Vermutlich werden wir zu dieser Zeit schon in Alice Springs sein.

40

Alice Springs, das ist die größte und wichtigste Stadt des Zentrums Australien. Dort ist auch die Station des „Flying Doctor“, der für das ganze Northern Territory zuständig ist. In Alice Springs wollen wir ausruhen, bevor wir aufbrechen zum Ayers Rock. Um zu ihm zu gelangen, müssen wir 340 km zurücklegen in südwestlicher Richtung, auf Straßen, die keine sind; soweit das Auge reicht, wird es nur Wüste geben. Doch so weit ist es noch nicht! Wie so oft tröstet eine neue Erwartung, ein neues Abenteuer, über den gerade so schmerzhaft vollzogenen Abschied hinweg. Katherine, Daly Waters, Tennant Creek, das sind Orte, die wir von der Fahrt nach Darwin hin schon kennen. Es gibt nur eine einzige Straße, die sich in Tennant Creek gabelt. Bis dahin also nichts Neues, doch empfinde ich Freude wenn ich daran denke, in Katherine meinen alten Freund Tom wiederzutreffen. Noch vor Mittag wollen wir von Darwin aus aufbrechen, so daß wir gegen Abend schon in Katherine eintreffen werden. Die Reparatur an unserem Bus war, wie erwartet, nicht zufriedenstellend, so daß er ein Risikofaktor war auf dem langen Weg auf dem Stuart Highway durch das Zentrum Australiens. Als wir nun unser Lager erreichten, entschlossen wir uns, alles so herzurichten, daß die Abfahrt reibungslos erfolgen konnte. Lediglich das Zelt und der Schlafsack waren kurz vor Reiseantritt noch zu verstauen. Die monotonen Gesänge der Tiwi schaukelten mich in einen unruhigen Schlaf. Es war schon nach Mitternacht, als ich einschlief, zwischen Traudl und mir lagen auf dem Zeltboden die kleine Pfeife und die Firesticks und Takthölzer, Geschenke von Philipp.

Bill war ein richtiges Arbeitstier. Durch den lauten Motor unseres Greyhoundbusses und die blödsinnigen Weckrufe unseres Fahrers wurde ich wach. Ich war nicht der Einzige, der bis kurz vor Fahrtbeginn durchgeschlafen hatte. Alles war fix und fertig, sogar Sandwichs lagen für jeden bereit. Hungrig aß ich das Knatschbrot und die Fahrt nach Katherine konnte beginnen. War es doch auf unserer ellenlangen Reise wie ein kleiner Ausflug! 300 bis 400 km galten für uns alle nicht mehr als Entfernung. Die Sonne glühte wie das Loch eines Hochofens am Himmel. Bill hat heute besonders gute Laune, sicherlich ist die kurze Fahrt der Grund seiner Freude. Kaum haben wir Darwin hinter uns gelassen, sind an den letzten Blechhütten vorbeigefahren, als er sein Lieblingslied „Waltzing Mathilda“ anstimmt und beim Refrain singen wir alle gern mit „Wer will kommen und Mathilda Walzer tanzen mit mir?“ Wer war denn eigentlich diese Mathilda mit der jeder Walzer tanzen wollte? Sprachgelehrte wollen wissen, daß Mathilda ein Landstreicherausdruck für Diebesgut gewesen sei. Bill fährt Vollgas. Das Stück Asphalthighway genießt er merklich und brüllt schon die 4. und letzte Strophe wie ein Wasserbüffel: „Hoch fuhr der Tramp und sprang in das Wasserloch und er rief: lebend fangt ihr mich nie. Seinen Geisterruf hört, wer passiert jenes Wasserloch, komm herein Mathilda, Walzer tanzen mit mir.“

30 000 Jahre lang und mehr lebten die Urbewohner Australiens in friedlicher harmonischer Einheit in diesem Land. Wo immer ihr Weg sie auch hinführte, sie erreichten einen sehr hohen Grad an Anpassung an dieses rauhe, unbarmherzige Land: Im Gegensatz zu dem weißen Mann, der vor allem darauf aus war, das Land auszubeuten – und dies in weniger als 200 Jahren – und ohne sich um die fernere Zukunft zu kümmern. Heute in diesen Tagen mehren sich die Anzeichen, daß die Phase unüberlegter Ausbeutung einem wachsenden Sinn für Bewahrung und Erhaltung zu weichen beginnt. Das Lied der Waltzing Mathilda spiegelt tatsächlich die Zeit der reichen Viehzüchter; waren es doch nur wenige Familien, die über das ganze Land herrschten. Sang nicht gerade Bill in der 2. Strophe von einem Bocklamm, das am Wasserloch saufen wollte und von dem Tramp, der mit Freude das Tier packte und in seinen Rucksack steckte, eine willkommene Nahrung für den langen Weg? Und heißt es dann nicht: Da ritt herbei der Schafzüchter auf seinem Vollbluthengst, hinterher kamen Reiter 1, 2, 3. „Wem gehört der feiste Bock in Deinem Freßbeutel? Komm mit Bursche, Mathilda, Walzer tanzen mit mir“.

Da sind kilometerlange Zäune, an denen wir entlangfahren. Sie leben noch heute, die reichen Viehzüchter, sind Herren über mächtige Ländereien. Ihre Homesteads – die Ranchhöfe – heißen Lovetreek, Mongrel Downs, Palmer Valley oder Mulgar Park. Seit 180 Jahren wird das Cattle-trecking betrieben und in Gebieten, wo es heute noch keine Asphaltstraßen und keine Pisten gibt, auf denen Großtransporter oder Güterzüge fahren könnten, preschen eine handvoll Männer frei und ungebunden durch die Savanne, schlucken den roten Staub, bis der Feuerball am Himmel versinkt, schlafen unter freiem Himmel, denn der nächste Tag beginnt für sie schon eh' der Morgen graut.

Keiner der Berufsfahrer steigt auf die Bremsen, wenn Vieh-

herden die Stuart-Highway kreuzen, mit der Hand auf der Hupe fahren sie einfach hinein in das Gewühl der brüllenden, schnaufenden Leiber, und rechts und links der Straße zeugen zahlreiche Kadaver von den rüden Sitten der „Trackies", wie sie genannt werden. So sieht auch Bill keinen Sinn darin, unseren Bus anzuhalten. Mittlerweile haben auch wir uns daran gewöhnt, doch wie ein Wunder schaffen es die Tiere, von dem schleudernden, rasenden Gefährt nicht erfaßt zu werden. So jagen wir dahin Richtung Katherine, das uns immer näher rückt und gegen 18 Uhr von uns erreicht wird. In einer Snackbar kaufen wir uns Pies, diese pfannkuchengroßen Pasteten, die mit Fleisch oder Gemüse gefüllt sind; eine beliebte australische Mahlzeit. Aus dem Pub holen wir uns Bier, setzen uns auf den Bürgersteig und beobachten das Treiben auf der Landstraße. Schwarze und weiße Menschen sind unterwegs oder lümmeln gelangweilt an den Häuserfassaden.
Ich habe plötzlich das Gefühl, daß mich von hinten jemand anschaut und dreh mich langsam herum. An der Schwingtür des Pubs lehnt mein alter Freund Tom und strahlt über das ganze Gesicht. Seine dicken Lippen halten eine fast ausgerauchte Zigarette, ein leeres Glas in der Hand zeigt mir, daß er auch er den Alkohol liebt. Er drückt mich an seine mächtige Brust, wir klopfen uns beide auf die Schultern und freuen uns über das Wiedersehen. Ich hatte noch gar nicht damit gerechnet, Tom zu treffen und mir die Begegnung für den Abend aufgespart. „Wie wär's mit ein paar Pies, alter Junge? Ich selbst habe auch noch Hunger. So machen wir's uns gemütlich und 1, 2 Bier bei dieser Hitze könnte ich auch noch vertragen". So mit Tüten und Büchsen ausgerüstet machen wir uns auf den Weg, etwas außerhalb der Hauptstraße einen gemütlichen Ort für unser Picknick zu suchen. „Alter Tom, was gab's bei Euch Neues während den Tagen, als ich unterwegs war nach Darwin und den Bathurst Inseln?" „Schade, daß Du nicht hier warst German", so sprach der alte Tom, „wir waren Känguruh jagen und es hat eine ganze Menge Spaß gemacht". Er berichtet mir, wie sie vorgegangen waren, um die Tiere zu erlegen und als er damit fertig war, fragte er

mich, ob ich die Geschichte des schwarzen Känguruhs schon einmal gehört hätte.

41

Auf mein Kopfschütteln erzählte er:
„Ein riesiges schwarzes Känguruh namens *Kuperee* hielt das ganze Land in Angst und Schrecken. Tod und Zerstörung waren sein Werk. Die Menschen wußten sich keinen Rat mehr.
Wer sich gegen das schwarze Ungeheuer stellte, war dem Tode geweiht. Viele waren schon ausgezogen, um ihren Mut zu beweisen und nie mehr nach Hause zurückgekehrt.
Da erzählte man sich, daß *Burdamuk,* der Führer eines kleinen Stammes eine Steinaxt besaß, mit großer Zauberkraft. Doch Burdamuk war alt und gebrechlich. Er selbst konnte auch mit der Zauberaxt nicht gegen das schwarze mächtige Känguruh kämpfen. Sein Stamm beschwor ihn, das Land von dem Monster zu befreien. Doch Burdamuk war ein weiser Mann und wußte, daß die Zeit noch nicht gekommen war. Die Menschen konnten ihn nicht verstehen. Es schien, als gäbe es keine Lösung.
Da kamen *Indinya* und *Pilia*, die beiden ältesten Söhne Burdamuks, des alten weisen Führers zu ihrem Vater, um mit ihm zu sprechen. „Unser Volk, unser ganzes Land ist in Angst und Schrecken versetzt. Das schwarze Känguruh mit der großen Kraft herrscht über uns. Es darf nicht mehr länger unsere Brüder und Schwestern töten. Auch haben sich die anderen Tiere aus Furcht verkrochen und wir haben bald nichts mehr zu essen. Wir sind jung und kräftig. Mit Deiner Zauberaxt können wir Kuperee vernichten". Der alte Mann war stolz über den Mut seiner Söhne. Der kleine Stamm schwarzer Menschen tanzte und besang die Zauberaxt und als die goldene Sonne am Himmel aufging, machten sich die beiden jungen Krieger auf den Weg, das Nachtlager von Kuperee zu finden. Sie fanden nur noch eine kahle, ausgedörrte tiefe

Mulde, in der die Knochen der letzten Opfer des Ungeheuers lagen.
„Sicher wird es an diesen Ort zurückkommen". Die Brüder versteckten sich im Geäst eines dichten Laubbaumes und warteten voller Tatendrang. Plötzlich hörten sie ein tiefes Donnern und die Sonne war mit einem Mal nicht mehr zu sehen. Mit einem mächtigen Sprung war Kuperee zwischen den vielen hundert Knochen seiner Opfer gelandet. Das Tier war so groß, daß man keine Sonne mehr sehen konnte. Die tapferen Krieger warfen ihre Speere, doch die Waffen fielen gebrochen zu Boden. Wild und rasend vor Wut stürzte sich Kuperee gegen seine Angreifer. Die Brüder hatten sich noch höher in den Wipfel des Baumes geflüchtet. Das schlaue Ungeheuer versuchte sofort, den Baum auszugraben. Es arbeitete rasend schnell und Indinya hatte schon längst die Zauberaxt in die Hand genommen und suchte nach einem passenden Moment, in dem das Känguruh seinen Kopf hob und er die Axt zwischen die Augen des Tieres schleudern konnte. Der Baum begann jetzt schon zu schwanken, als Indinya die geweihte Waffe gegen das Känguruh schleuderte und wie von selbst grub sich die Axt des alten Burdamuk, des weisen Vaters, in den Schädel des schwarzen Känguruhs Kuperee, das sofort tot war. Der kleine Stamm war glücklich, als die beiden erfolgreichen Krieger Indinya und Pilia zurückkehrten und vom Tod Kuperees berichten konnten. Die Kunde ging schnell über das weite Land und die schwarzen Menschen konnten wieder ohne Furcht jagen, über die weiten Steppen ziehen und in Frieden neben den Billabongs, den Wasserlöchern, ihr Lager aufschlagen."
Wieder einmal wird mir bewußt, daß die Grundlage des Glaubens der Eingeborenen die Traumzeit ist, eine endlose Periode, die sich aus der vorgeschichtlichen Vergangenheit bis zur Gegenwart erstreckt und in dieser Traumzeit bevölkern Totems wie Känguruh, Opossum und Wasserschlange die Wüste. An heiligen Plätzen hinterließen sie ihre Kraft, die das Leben der Menschen bis zum heutigen Tag schützt und die Spuren dieser Traumzeit überziehen die Wüste kreuz und quer wie ein Spinnennetz. Unter den Stämmen gibt es

Totemgruppen, deren Männer glauben, in gerader männlicher Linie von demselben Traumwesen, ihrem Totem, abzustammen. Diese Traumzeitwesen gibt es auch bei Frauen, doch müssen sie die kultischen Handlungen den Männern überlassen.

Mittlerweile ist es spät geworden, unser Bus ist ohne mich zum Lagerplatz gefahren, sodaß ich mich mit Tom auf den Weg mache zu den andern.

„Morgen haben wir Zeit, alter Bursche und wenn Du Lust hast, kannst Du mir noch eine Deiner schönen Geschichten erzählen". Bei Toms Leuten herrscht ausgelassene Stimmung und sie luden mich ein, noch ein paar Stunden bei ihnen zu verbringen. Doch ich muß gestehen, daß es mir bei diesem Gedanken nicht sehr wohl war. Wie schnell könnte die Stimmung in Aggression oder Haß umschlagen, wobei mir die Gründe des Hasses gegen den weißen Mann sehr wohl bewußt sind. So bleibe ich nur noch kurze Zeit und gehe allein durch den stillen, unwirklich stillen Wald, bis ich unser Lager erreicht habe.

Was feiern eigentlich die Brüder des alten Tom, warum betrinken sie sich so sinnlos, schütten den Alkohol geradeso in sich hinein? Das Bier nennen sie „Piss" oder „Grog". Überall wo ich ihnen begegne kommt es mir vor, als würden die Aborigines – und das Wort bedeutet: die vom Ursprung stammen, hier enden. Sie löschen ihr Leben aus und ihre Lebensangst und dazu ist ihnen alles, was trinkbar ist recht: Booze, Alkohol. Ist dies ein neuer Gott? Tom und seine Vorfahren kannten nicht den verheerenden Stoff, den die Europäer auf den 5. Kontinent brachten.

42

Australien ist ein reiches Land und die dunkelhäutigen Menschen hatten keine Ahnung, auf welchen Reichtümern sie ihre Nachtlager aufschlugen. Überall begannen die Einwanderer nach Reichtümern zu suchen, buddelten in der Erde wie Maulwürfe und nicht nur in Coober Pedy, der Opalstadt,

wurden sie fündig. Tildara im Westen – eine wahre Fundgrube von unermeßlichen Reichtümern des Eisenerzes. Im Norden Australiens entdeckte man Mangan auf Groote Tyland, Bauxit auf Cap York und Erdöl in Noon Kanbah.
Die Brüder des alten Tom kämpfen einen aussichtlosen Kampf. Auf der Nordspitze des Northern Territory, dem tropischen Topend, liegt Malakunnunja, das ist ein geheiligter Ort. Hier leben Seeadler, Beutelratten und Wasserbüffel. *Malakunnunja,* eine Galerie der Steinzeit: Zeichnungen aus zartem Ocker, schwarzem Ruß und Kreide, Bilder aus der Steinzeit. Wieviele zehntausend Jahre mögen sie alt sein? Immer wieder werden sie erneuert. Bilder, wie wir sie überall schon einmal gesehen haben, Geschichten von Känguruhs; Jägern, die mit Bumerangs bewaffnet sind. In den dichten Baumkronen sitzen Kakadus, es sind viele Hunderte. Hier in diesem Paradies haben weiße Ingenieure nur wenige Meter unter der Erdoberfläche unvorstellbare Uranvorkommen entdeckt. Der Boden ist Sandstein und Schiefer, eine typische Kraterlandschaft; unter uns Yabiluk, an den Rändern Eukalyptus und Dornenbüsche. Im Westen erkennen wir den Magela Creek, nur ein paar Meter unter dem Regenwald liegt der unvorstellbare Schatz, seit 1800 Millionen Jahren ruht dieser Reichtum in unberührter, schlummernder Natur. Das größte bekannte Uranvorkommen der Welt.
Als wir nach Australien kamen, 1971, beteiligten sich die Manager der Bergbaugesellschaft Pancontinental von Yabiluka und der US-Konzern Getty Oil an der Ausbeutung. Nur 60 km von hier nordöstlich, im Arnhemlandreservat Nabarlek lagern 9525 Tonnen, 30 km südlich in Ranger 103 000 t, 20 km tiefer im Süden der Wildnis Koongarra eine 30 000-t-Ader. Zusammengerechnet über 400 000 t in einem Gebiet, nur wenig größer als Hessen. Das sind 400 000 Tonnen Uran – nur für den Export bestimmt. Für Atomkraftwerke in Europa, den Vereinigten Staaten und Japan. Australien selbst besitzt für seine Stromversorgung billige Kohle im Überfluß. So lehnt die Regierung lokale Atommeiler ab. Arnhemland, eine letzte Zuflucht für die Menschen der Traumzeit, wird zu einem Trauma. Es ist ihr Eigentum, doch in diesen Tagen als

ich das Land bereise und etwas verstört darüber nachdenke, warum die schwarzen Menschen so sehr dem Alkoholgenuß zusprechen, muß ich erkennen, wie aussichtslos ihre Situation geworden ist.
In den Tageszeitungen, die ich in Darwin und Katherine lesen konnte, ließ sich erkennen, daß die Minenmanager aus Sydney ihrem Ziel verteufelt nahe gekommen sind. Shortleg Frank, der Älteste des Clans, wird sein Zeichen unter einen Vertrag setzen, der besiegeln wird, daß auf dem Territorium von Nabarlek ein riesiges Uranbergwerk entsteht. Die Aborigines werden einen Scheck bekommen, der es ihnen erlaubt, riesige Mengen Alkohol zu kaufen. Irgendwann wird ihr Volk an dem Stoff, den sie „Piss" nennen, ausgelöscht sein. *Lalai*, Dreamtime, die Traumzeit, die mysthische Urzeit, dem Glück ohne Ursprung, dem immerwährenden Gestern, dazu brauchten die Vorfahren keinen Alkohol, sie konnten sich durch eigene Kraft in sie versetzen.
Sind die schwarzen Menschen tote Seelen in verwahrlosten Menschenhüllen? Zwei Jahrhunderte lang war ihre Vernichtung als „Gentleman-Sport" gepflegt worden. Es gab sogar einen Namen dafür, das „Abo-Hunting". Sie zu verachten galt als zivilisiert. Eine Regierungskommission registrierte den verbreiteten Wunsch, die Abos sollten auf einer Insel vor der Küste versammelt und dort bombardiert werden. Sind die Aborigines Gastarbeiter im eigenen Land?
Mit den Uranfunden in Arnhemland verloren Toms Brüder wieder einmal gegen die mächtigen Herren, die sie „Europs" nennen. Es gibt nicht mehr viele, die aufbrechen, wenn im Juni die Dürre einsetzt, die Seen und Bäche versickern, das Land vergilbt und sich in roten Staub hüllt. Wenn die Wege wieder passierbar werden, erwachen kaum noch Aborigines, so wie es die Tradition fordert. Sie sind kraftlos geworden, das alte Leben zu leben. Ihre Kultur, ihr Glaube wurde ihnen genommen. Der Ersatz ist Bier, der Alkohol gibt ihnen Trost. Sie sind in einen Dämmerzustand gefallen, eigentlich sind sie schon längst tot.
Vor unserem Zelt beginnt der neue Tag sich auszubreiten, verscheucht die Träume, die letzten Schatten der Nacht und

ich weiß nicht, wie lange ich geschlafen habe, wie viele Gedanken sich im Traum ausgebreitet haben, wie lange ich mit Grübeln verbracht habe. Arnhemland liegt fast schon hinter uns, vor uns liegt das Zentrum Australiens: Alice Springs, der Ayers Rock, die Mount Olgas.

43

Vor den Aborigines liegt keine Zukunft, ihr Ende wurde mit den ersten weißen Einwanderern besiegelt. Der Gesundheitszustand meiner schwarzen Freunde ist erbarmungswürdig, ihre Mehrzahl ist sterbenskrank. 26% der alten Menschen sind erblindet, Opfer der Trachomen, einer Infektionskrankheit, die nur Slumbewohner heimsucht. Alle Plagen der Menschheit scheinen die Aborigines zu überfallen: Tuberkulose, Lepra, Syphilis, Unterernährung, Vitaminmangel besonders bei Babys, alles Folgen der innigen Bekanntschaft mit der weißen Kultur.
Ich verschließe weder meine Augen noch meine Ohren und habe trotz all dem Elend, das ich bei den schwarzen Bürgern des 5. Kontinents entdeckt habe, die Schönheit des Landes gesehen und in mir aufgenommen. Immer wieder hat mich die Unendlichkeit der großen Weiten, des „Never-Never", fasziniert und in seinen Bann gezogen. Warum muß der Mensch so viel zerstören auf dieser Welt, die in ihrer ursprünglichen Schönheit ganz bestimmt einmal ein Paradies war, zu dem auf dem 5. Kontinent die Aborigines als lautlose Jäger gehörten, die es verstanden in diesem Land zu leben, bis man ihnen sogar ihre Seele genommen hat. Die eigenartige Landschaft, verzauberte Bäume, bucklige Riesensteine wie der Ayers Rock, all dies sind Totems aus ihrer Traumzeit.
Welch eine Kraft und welch unvorstellbare Eindrücke diese Bilder auf mich ausgeübt haben, läßt sich kaum beschreiben. Je länger ich in Australien lebte, je mehr ich von dem Land sehen durfte, wurde mir klar, daß es nur eine große Idee gab, die es hieß zu verwirklichen und für die es hieß zu kämpfen: gebt den Ureinwohnern, den Aborigines, die Möglichkeit zu le-

ben, gebt ihnen eine faire Chance zu existieren, gebt ihnen keine Almosen und macht sie nicht zu Bettlern.

44

Eukalyptusbäume, ein paar Guntrees, wir sind wieder unterwegs auf der Stuart-Highway. Daly Waters von der Hinfahrt bekannt, Tennant Creek die nächste Station. Ich freue mich auf Alice Springs, einen Ort, den ich noch nicht gesehen habe. Im Zentrum Australiens liegt die kleine Stadt, die Ausgangspunkt sein wird zu einer Expedition, die uns zum Ayers Rock und den Mount Olgas führen soll. Alice Springs ist die größte und wichtigste Stadt im Zentrum Australiens und wer dort hinkommt dem empfiehlt man, die Old-Telegraph-Station, das Pitschi-Ritschi-Museum zu besuchen. Hier sind die „Royal-Flying-Doctor-Base", die „School of the Air", die „John-Flynn-Memorial-Church" und eine ganze Menge von Unansehnlichkeiten, die es auch gibt.
Meine Freundin Traudl wird hier ihren 22. Geburtstag feiern. Unsere Zelte haben wir auf einem richtigen Caravanpark aufgeschlagen und unsere Reisegruppe spürt irgendwie, daß es gilt, jeden Tag zu genießen. Mit Alice Springs und dem Ayers Rock und den Mount Olgas wird einer der großen und mit Spannung erwarteten Reisepunkte abgehakt werden. Alice Springs selbst war für mich kein sehr großes Ereignis, abgesehen davon, daß es eine echte Pioniertat ist, hier in Mitten der Wüste, im Zentrum Australiens zu leben. Die 6700 Einwohner der nicht sonderlich schönen Kleinstadt tun so, als wäre es ganz normal, hier sein Leben zu verbringen. Wahrscheinlich empfinden sie es auch gar nicht anders. Wer die Karte von Australien sich einmal genau anschaut kann selbst feststellen, wie mutterseelenallein dieses Alice Springs im Herzen des 5. Kontinents liegt.
Für mich ist die Zeit sehr schnell vergangen. Ein Rodeo, das alljährlich gefeiert wird, neigt sich dem Ende zu, und leider konnten wir die Cowboys beim Zureiten der wilden Pferde nicht mehr bewundern. Doch gab es noch anderes zu sehen.

Hunderte von Kühen waren eingepfercht in ihren Cattles und die fachkundigen Augen der lederhäutigen Cattlebosse suchten nach Tieren, die sie kaufen wollten. Wie auf einem riesigen Jahrmarkt standen Buden auf einem großen Gelände, das von tausenden von Besuchern nur so wimmelte. Es wurde getanzt und gesungen und natürlich auch bis zum Umfallen gesoffen. Für Traudls Geburtstag hatte Bill mit ein paar anderen eine richtige Torte besorgt und Träudchen bekam Tränen in die Augen, als mit „Happy Birthday" und brennenden Kerzen und allem Pi-pa-po ihr Geburtstag gefeiert wurde. Sicher wird sie diesen 22. Geburtstag in Alice Springs nie vergessen.

45

Wir rüsten uns für die Fahrt zum Ayers Rock, für mich war es die menschenleerste Gegend, die wir bisher befahren hatten. Auf der Hin- und auch auf der Rückfahrt sollte uns niemand begegnen. Der Bus mußte in Ordnung sein und Bill hatte seine Mühe, eine Werkstatt zu finden und das Nötigste zu veranlassen. Wenn wir damals gewußt hätten, daß wir mit dem Gefährt in erbärmlichem Zustand noch bis Adelaide fahren mußten, ich weiß nicht, ob wir die Fahrt zum Ayers Rock überhaupt riskiert hätten. Doch jeder fieberte und die Abfahrt wurde geradezu herbeigesehnt.
Dieser Teil unserer Reise müßte eigentlich mit Orgelmusik untermalt werden, beginnend mit leisen Tönen, die immer mehr anschwellen und zu einem Orkan werden, als es Abend ist und endlich der Ayers Rock in seinem leuchtendsten Rot am Horizont zur rechten Seite erscheint. Schon mehrmals vorher hatten wir geglaubt, seine originelle Form zu erkennen oder entdeckt zu haben. Es gibt andere Tafelberge, die ihm ähnlich sehen, doch die typische abgerundete Form des Ayers Rock ist, wenn man ihn endlich in seiner wahren Schönheit vor sich hat, einmalig. Wir alle sind erleichtert, das Ziel erreicht zu haben und irgendwie habe ich den Eindruck, daß die ganze Fahrt von Sydney an der Ostkünste entlang durch Queensland, das Northern Territory, Darwin, Arnhemland

im Norden nun seinen tatsächlichen Höhepunkt erreicht hat. Mir scheint als hätte jeder auf diesen einzigen Augenblick die ganze Zeit gewartet.
Bleiben wir bei der Orgelmusik, die nun verklingt und in ein andächtiges Lauschen von unserer Seite her übergeht, ein Lauschen, in das Nichts der Einsamkeit, die Weite des „Never-Never", in der ein mächtiger Monolith, ein Totem der Aborigines, wie kauernd und in Lauerstellung eines übermächtigen Tieres liegt und uns anglotzt. Nun ziehen Wolken auf am Himmel, die die rote Farbe der Wüste angenommen haben. Der Ayers Rock gibt diese Farbe in Purpur, der göttlichen Himmelsfarbe übergehend, wieder und nur die Grillen mit ihrem Zirpen besitzen die Frechheit, diesen heiligen Moment zu stören. Würde in diesem Moment eine nasale Stimme ein hallendes Amen über das Land rufen, wir alle wären vor Ehrfurcht auf die Knie gesunken und hätten geantwortet „gelobet sei der Herr". – Es sind nur 350 m, die der Ayers Rock an seiner höchsten Stelle mißt. Tatsächlich liegt er im Zentrum, im direkten Mittelpunkt des 5. Kontinents, es sind 1600 km nach jeder Richtung bis zum Meer. Das Gebiet um den Ayers Rock, so auch das Land von Alice Springs, wird von den Australiern „The Red Central" genannt.
Dieses Land ist nicht eigentlich Wüste, sondern ausgetrocknete Steppe, doch dies wird einem erst nach den seltenen Regenfällen bewußt. Aus dem Braunrot des Sandbodens keimen dann grüne Graspflanzen heraus, ein Beweis dafür, daß die Keime der Flora auf ihre Erweckung gewartet haben. Doch 1972 im Juni, als wir durch das Land fuhren, lag ein roter endloser Teppich vor uns.
Die Australier sind stolz auf ihren Ayers Rock, denn er ist der größte Monolith der Erde, der größte Steinbrocken aus einem Stück. Am 17. Juli 1873 entdeckte der britische Forschungsreisende William C. Gosse als erster Weißer diesen Berg. Und wie es sich gehört, gibt es natürlich Längen- und Breitenmaße, die ich nicht unerwähnt lassen möchte: so mißt der gewaltige Koloß 3,5 km in der Länge und 1,5 km in der Breite. Seine Höhe habe ich schon einmal erwähnt, es sind genau 348 m. Wie kann solch ein sonderbares Ungetüm entstehen? Der

Geologe Ernst W. Bauer meint dazu: „Auf den ersten Blick erinnert das Gesteinsmaterial an mehr oder weniger groben Sandstein, wenn man aber genauer hinschaut, entdeckt man zwischen den speckig glänzenden Quarzkörnern auch weißliche Feldspatkörner. Der Geologe nennt ein solches Sand-Feldspat-Gestein Arkose. Gebildet haben sich diese Arkosen als Ablagerungen eines uralten Gebirges vor etwa 600 Millionen Jahren. Damals lagen die Schichten noch schön waagerecht übereinander, wie es sich für frisch gebildete Ablagerungsgesteine gehört. Erst viel später wurden sie von gebirgsbildenden Kräften erfaßt und dabei allmählich in große Falten gelegt. Ein kleines Stück einer Falte, in dem die Schichten an diesem Platz senkrecht gestellt waren, ist heute als Ayers Rock erhalten. Einen anderen Rest stellen die Olgaberge dar. Auch den Untergrund der weiten Ebene dazwischen bilden die alten Gesteine, nur wurden sie im Laufe der langen Zeit völlig eingeebnet. Ein Schicksal, dem auch diese letzten roten Felsendomänen nicht entgehen werden".

Für die australischen Ureinwohner galt der Ayers Rock seit Urzeiten als Zufluchtsort, dies war bis Anfang unseres Jahrhunderts so gewesen. Die schon erwähnten Pitjantjara hatten hier ihren Versammlungsplatz und nannten den Berg „*Uluru*" oder „*Oolera*".

Es war schon später Abend und um uns herum trat Stille ein. Wir hatten unsere Zelte aufgebaut, ein Lagerfeuer errichtet und freuten uns auf den Tee, ein paar Sandwichs und ich auf eine Pfeife, die ich in aller Ruhe rauchen wollte am Fuße dieses mächtigen Steinmassivs. Morgen wollen wir zu Fuß den Uluru der Pitjantjara erforschen. Ich hatte von Malereien gehört, die die Ureinwohner in Höhlen im Innern des Berges auf dem roten Sandstein angefertigt haben, es sollte eine Höhle der Männer und eine Höhle der Frauen geben, wo die Geburten stattfanden, die Höhle der Initation. Wir wollen ihn besteigen, auf seinem Rücken entlangwandern und die Aussicht genießen, die Aussicht über das weite unendliche liebgewonnene Never-Never. Bis morgen, dicker Pudding, heute Nacht werde ich gut schlafen. Ich freue mich auf den nächsten Tag, heute Nacht wird keiner Wachen stehen, wir rechnen mit

keinen ungebetenen Besuchern.
Der neue Tag hatte schon längst angefangen, als ich verschlafen den Reißverschluß meines Zeltes nach oben ziehe und aus dem schmalen Schlitz in den neuen Tag blinzle. Er war immer noch da, der Ayers Rock und wie ein Kind war ich aufs Neue überrascht und überwältigt bei seinem Anblick. Wenn die Sonne früh morgens im Osten aufgeht, so erglüht der steinerne Riesenrücken auf der beschienen Seite in tiefem Rot und mit jeder Stunde des neuen Tages wechselt er seine Farbe und nach dem Rot der Morgensonne in ein helles Zinnober, dann in Lila und schließlich bei hochstehender Mittagssonne in ein stumpfes Grau. Und nach der Farbe Grau, die eigentlich gar keine ist, läuft das farbenprächtige Spiel in umgekehrter Reihenfolge ab: vom Grau über leuchtendes Lila zu Zinnober und schließlich wieder zu tiefem Rot, bis der Fels wie vergangene Nacht in der Schwärze der Unendlichkeit versinkt. Woher kommt dieses Farbenspiel? Die Antwort rührt von der rötlichen Oberfläche des Steins her, die im roten Morgen- und Abendlicht besondere Leuchtkraft bekommt. Im Gegensatz dazu steht das blaue Licht des Tages, das wie schon erwähnt, zu einem neutralen Grau verschmilzt. Dies alles erinnert etwa an Zauberein und so mag es wohl auch den Aborigines schon seit Jahrtausenden vorgekommen sein.
Keiner von uns hat sich lange mit dem Frühstück aufgehalten denn die Unruhe, von der wir alle befallen waren, trieb uns an wie englische Bluthunde, die Nase am Boden, dem Ayers Rock entgegen, einer Fährte folgend, die uns rund um den unheimlichen Felsen trieb. Es sind etwa 10 km, die man laufen muß, um einmal um den Berg herumzukommen. Überall gibt es markante Punkte und jede Wölbung und jeder Einschnitt hat einen besonderen Namen, eine besondere Bedeutung in der Aboriginesmythologie. Vor allem aber sind es die Höhlen, kleineren Grotten und hoch bis in die Gipfel hinaufreichende Aushöhlungen. Es sind die Höhlen, von denen ich schon einmal gesprochen habe, die sich die Pitjantjara für besondere Zeitpunkte zu eigen gemacht hatten. 50° Hitze verlangen ihren Tribut und die kühlen Höhlengewölbe laden ein zum Ausruhen. Ich habe mich schon nach einiger Zeit von

den anderen abgesetzt mit dem Gedanken, ganz allein diese überwältigenden Orte der australischen Urgeschichte erleben zu können. Ein ganz merkwürdiges Gefühl überfällt einen, wenn man mitten in den von der Natur ausgewaschenen Gewölben steht und auf Geräusche lauscht, die ständig von irgendwoher kommen und nach irgendwohin wieder verschwinden. Der Wind tut sein Möglichstes dazu, Töne entstehen, schwillen an und verklingen wieder. An der Südseite des Felsens gerade da, wo er eine größere Einbuchtung bildet, erreiche ich einen Teich, es sind die Maggie-Springs. Tatsächlich inmitten der sonst völlig dürren, trockenen Landschaft ein glitzerndes kleines Naß. Klares sauberes Wasser vor dem Rot des Sandsteinriesen. Der Ayers Rock liegt dahinter wie ein zusammengekauertes, durstiges Riesentier, das mit einem gewaltigen Schlappern die kleine Pfütze zunichte machen könnte – so kommt es mir vor in diesem Augenblick.

Mutigulana nannten die Pitjantjara diesen Teich, war er doch für sie auf tausend und abertausend von Quadratmeilen die einzige zuverlässige Wasserstelle, die sie finden konnten. Ein Grund mehr, an die mächtige Zauberei des Uluru zu glauben. Rings um den Ayers Rock gibt es doch eine ganz beachtliche Vegetation. In der Regenzeit fallen in dieser Gegend durchschnittlich 120 mm im Jahr. Das seltene Naß dringt nicht in den Felsenleib, in den Sandsteinklotz ein, sondern fließt über die zahlreichen Rinnen und Spalten ab, so daß im Umkreis Spinnifex, Eukalypten, Akazien und sogar einige Feigenbäume existieren können. Dies wiederum bringt mit sich, daß hier Känguruhs, Wallabys, Dingos und Emus ein ruhiges kleines Paradies gefunden haben. In den kleinen Höhlen leben Beutelratten, Warane und auch zahlreiche gefiederte Spezies schwirren um den Uluru herum. Ich konnte Milane, Raben und sogar Keilschwanzadler ihre Kreise ziehen sehen. Bill schlug vor, daß wir erst am späten Nachmittag mit dem Aufstieg zum Ayers Rock beginnen sollten. In dieser Zeit ist es nicht mehr so heiß und wir könnten nun zu den Mount Olgas hinüberfahren, die 32 km westlich vom Ayers Rock gelegen sind. Die Mount Olgas sind kuppelartige Felsen, die nicht mehr als 1023 m hoch sind. Ein jeder von uns war mit diesem

Vorschlag einverstanden und Bill hatte wohl auch schon damit gerechnet, denn der Bus wartete einladend auf uns; 32 km bei dieser Hitze zu laufen, ist kein wahres Vergnügen. Hinter uns gab es eine richtig schöne Staubwolke, die sich nur langsam wieder senkte und den freien Blick zum Ayers Rock vernebelte.

Die Olgas haben bei weitem nicht die gleiche Ausstrahlungskraft wie der Ayers Rock, doch für mich gab es auch hier einige sehr schöne Motive, die ich mit der Kamera festhalten konnte, auf dem Wege zu einer längst vergangenen Zeit. So turnte und träumte ich vor mich hin – hatte längst die Zeit vergessen – als ich tief unter mir Geräusche vernahm, die von einem menschlichen Wesen verursacht wurden, das mir bekannt war, nicht zu unserer Expeditionsgruppe gehörte und genau wie ich mit 2, 3 Kameras ausgerüstet wohl auf Motivsuche war.

Der blonde Fotoamateur hatte mich nun auch entdeckt und setzte sein freundlichstes Grinsen auf, zwinkerte mir zu mit dem linken Auge, erhob die rechte Hand und fragte mich in seinem besten Kauderwelsch-Englisch „Where are you comming from?" Ach, Du liebe Zeit, dachte ich, das kann ja nur ein Deutscher sein! Ich gab meine Antwort gleich auf Deutsch und sagte: „Ich bin Deutscher und komme aus der Nähe von Frankfurt und heiße Rudi". Nun bekam ich wiederum zu hören: „das gibt's doch nicht, ich heiße Fritz und komme aus Frankfurt-Prüfling". Fritz hatte Tränen in den Augen und fiel mir um den Hals. „Mensch, mitten in Australien, auf den Olgas treffen wir uns als zwei Deutsche. Menschenskind, Du, das muß gefeiert werden". „Junge, wie bist Du denn überhaupt hierher gekommen?" fragte ich meinen neuen Bekannten Fritz aus Frankfurt. „Wir sind noch nicht lange hier" gab er mit zur Antwort „haben Eure Zelte gesehen, unseren Bus daneben geparkt und unser Nachtlager bei Eurem aufgeschlagen. Danach sind wir auch hierher gefahren, um uns die Olgas anzusehen und am späten Nachmittag wollen wir auch den Ayers Rock besteigen". „Das ist eine feine Sache, wenn wir gegen Abend zurückkommen, spendier ich ein paar Büchsen Bier". Ich hatte noch ein paar Büchsen im Leib des Busses

in einer Blechschachtel auf Eis gelegt. Mit Fritz schloß ich eine Wette ab, wer zuerst das Gipfelbuch auf dem Ayers Rock erreichen wird.
Endlich war es soweit, die Sonne hatte nicht mehr die Kraft des Mittags, doch noch immer waren es 30, 35 Grad. Wir begannen mit dem Aufstieg und kamen recht flott voran. Hat man erst einmal die 350 m des höchsten Punktes auf dem Ayers Rock erreicht, sind es immerhin noch 3,5 km über Risse und Krater hinweg bis zum Gipfelbuch. Doch als ich den höchsten Punkt erreicht hatte, war es um mich geschehen; ich packte meine Kamera aus und machte Bilder von dieser wunderschönen seltsamen Gegend. Das rote Zentrum, wie es die Australier nennen. Unendlichkeit von Horizont zu Horizont. Mir gegenüber die Olgafelsen und nach der anderen Seite hin der Mount Conner. Ihn hatte ich einmal auf der Fahrt hierher als Ayers Rock zu erkennen geglaubt. Hier oben entstanden eine ganze Anzahl meiner liebsten Bilder vom 5. Kontinent, die ich mit nach Hause nehmen konnte.
Versunken in Gedanken, in staunendes Betrachten, hatte ich vollkommen den Aufstieg, das Gipfelbuch und die Wette mit Fritz vergessen. So machte ich mich auf den Weg, die 3,5 km anzugehen, hinweg über den Rücken des Giganten, als mir Fitz entgegenkam. Ich dachte sofort daran, ihm sei etwas passiert und er wollte schleunigst nach unten kommen. „Was ist los, Bursche" „Was los ist? Ich bin der zweitbeste Mensch, der jemals den Ayers Rock in dieser Zeit bestiegen hat". – Ich muß gestehen, daß ich leider vergessen habe, in welcher Zeit Fritz den Aufstieg geschafft hat. Ehrgeizig und von der Wette angeheizt, wär er beinahe Rekordhalter geworden. Doch auch die Leistung, der zweitschnellste Mensch zu sein, der über den Uluru der Pitjantjara gerast ist wie ein Wiesel, ließ seine Brust stolz anschwellen. Ein Neuseeländer hielt im Juni 72 den Rekord. Ich gönnte Fritz die Freude, die ihm seine eigene Leistung brachte und machte mich auf den Weg, hin zum Gipfelbuch und die obligatorische Unterschrift mit meiner deutschen Adresse durfte nicht fehlen.
In dieser Nacht am Lagerfeuer war Fritz der absolute Star. 3, 4 Dosen Bier machten den Frankfurter munter und ließen ihn

seine atemberaubende Bergtour immer wieder in allen Einzelheiten schildern. Als wir uns in dieser Nacht in unseren Schlafsäcken verkriechen merken wir erst richtig, wie müde wir waren nach dem zuende gegangenen Tag. Viele Kilometer sind wir gelaufen und geklettert über jahrtausendealte Feldgesteine hinweggewandert – eine wohlige Befriedigung läßt uns schließlich einschlafen und keiner denkt daran, daß die Natur ein neues Schauspiel für uns bereit hält, mit dem wir gar nicht rechneten.
Lange nach Mitternacht werden wir alle wach von einem Heulen und Getöse, das über unsere Zelte hinwegfegt, in der Ferne verklingt und aus ganz anderer Richtung heranzubrausen droht. Kräfte, gegen die wir Menschen machtlos sind, denen man sich ausliefert, wenn man unterwegs ist in einem Land, das wie kein anderes seine Ursprünglichkeit behalten hat. Ein Sandsturm jagt um den Ayers Rock, wirft die kleinen Zelte der Expedition in die Luft, läßt sie wieder fallen und verursacht ein Chaos, auf das die Menschen nicht vorbereitet waren. In der Ferne hörten wir Dingos heulen, die schutzsuchend unserem Lager immer näher kommen. Am Morgen nach dem Sturm stehen nur noch 2 Zelte: das eine gehört meinem Freund Fritz aus Frankfurt, das andere ist mein eigenes. Fritz kann den nach Eigenlob riechenden Satz nicht verkneifen „man sieht doch, was Deutsche gemacht haben, das ist einfach immer Wertarbeit". Wir gingen daran, die Zelte einzusammeln, unsere Küchengeräte zu suchen, vieles lag weit verstreut, so wie es dem Sandsturm gefallen hatte.

46

Erst in Adelaide würde ich meinen neu gewonnenen Kameraden wieder treffen, seine Gruppe blieb noch etwas länger am Ayers Rock. Unser nächstes großes Ziel sollte Coober Pedy sein. Coober Pedy, die legendäre Opalstadt auf sandiger Piste über den Musgrave Ranges. An der großen Victoriawüste vorbei Richtung Südaustralien, das war unser Weg. – 950 km von Adelaide, 600 km von Alice Springs liegt Coober Pedy. Hier wird mehr als die Hälfte der Opalproduktion der Welt gewonnen. Die ereignisreichen Tage am Ayers Rock galt es zu tauschen gegen die Staubpiste der Stuart-Highway. Uns allen wird mit dieser Fahrt durch das einsame Gebiet der Musgrave Ranges bewußt, daß wir mit dem Ayers Rock und den Mount Olgas etwas zurücklassen, das auf uns einen überwältigenden Eindruck gemacht hat – wie kein anderer Platz, wie keine andere Begebenheit unserer Reise durch Australien. Trockenes Land, Wüste soweit das Auge reicht.

Wir schaffen an diesem Tag nicht die 680 km nach Coober Pedy. Wir alle sind müde und traurig, zu kurz war die Zeit am Ayers Rock, bei den Olgas, viel zu wenig Gelegenheit hatten wir, die Höhlen und Gänge genau zu durchschnüffeln und auf dem Rücken des Monolithen über das Land hinweg zu schauen. Welch ein grandioser Eindruck! Der eine und andere unserer Expedition dachte daran, wieder zum Ayers Rock in das Zentrum Australiens zurückzukommen.

Eine Nacht in der Wüste wartet auf uns, nur der Schlafsack wurde ausgepackt. Das Kreuz des Südens gab sich Mühe, die Eindrücke der letzten Tage vergessen zu machen. Die Sterne blinkten auf uns hernieder wie gute alte Freunde. Morgen am späten Nachmittag werden wir in Coober Pedy sein, der Opalminensiedlung mitten in der Leere des Outbacks. Schon lange vorher kündigt sich der Ort an, nicht etwa wie wir es gewohnt waren von den anderen kleinen Städten mit bunten Fähnchen und Tankstellen, sondern durch Riesenhaufen, wie von elefantengroßen Maulwürfen durchwühlte Erde.

Coober Pedy, die Maulwurfstadt, so ist sie in meiner Erinnerung. Geplagt werden wir von Millionen lästiger Fliegen, die nicht anderes zu tun haben als uns zu quälen, in die Nasenlöcher, in die Ohren zu kriechen, so daß ich nichts lieberes tun möchte, als in ein Wasserbasin zu springen und die Schmarotzer zu ersäufen in ohnmächtiger Wut. Jetzt taucht auch die Stadt auf, sie wird keineswegs verschont von dem roten Staub der Wüste, der sich über sie niedergesenkt hat, nicht halt macht vor den Türen der Shops, der Hütten, der Pubs, überall kriecht er durch, liegt auf Theken und Regalen, hat sich breit gemacht und würde sofort wieder alles unter sich begraben was der Mensch geschaffen hat unter unsagbaren Anstren-

gungen, würde sofort die Stadt begraben, in einem dichten undurchdringlichen Staub- und Sandmantel erdrücken, wenn nicht tagtäglich und zu jeder Stunde die Menschen daran gingen, sich wieder freizubuddeln, ihre Geschäfte zu säubern, den Staub hinauszukehren – eine Häßlichkeit wie Zucker und Zimt. Neben den Fliegen und dem Staub der Wüste scheinen die Hunde die dritte Plage Coober Pedys zu sein.
Coober Pedy, das heißt in der Eingeborenensprache „des weißen Mannes Loch in der Erde". Irgend jemand hat hier vor einem halben Jahrhundert Gold gewittert und seit dieser Zeit gibt es diese Stadt in der Steinwüste – 100 Menschen aller Nationen, die hier nach dem Edelstein der Wüste, dem Opal, graben. Bei Johnny im Pub ist immer etwas los zu jeder Tages- und Nachtzeit. Er ist meist bei den Ersten, die von den 100 000-Dollar-Funden erfährt, bei ihm werden sie begossen, zu ihm kommen sie zurück, oft als arme Teufel, wenn kein Penny mehr aus der leeren Hosentasche zu holen ist, wenn nach ein paar Tagen der Glücksrausch vorbei ist und das Suchen von Neuem beginnt. Tabak und Alkohol und fantastische Geschichten – das ist die Erholung nach einem schweren Tag als Opaldigger in Coober Pedy.
Mit unserem Bus hinterlassen wir eine mächtige Staubfahne, die sich langsam über die Stadt senkt und fahren auf einen Caravanplatz, wo wir in Hütten untergebracht werden und etwas Schutz finden vor der sengenden Sonne und dem lästigen Staub, der unablässig gegen Mensch und Tier kämpft. Die Bewohner Coober Pedys haben es schon längst vorgezogen, in leerstehenden Dugouts – das sind leerstehende Minen, kleine Höhlen unter der Erde, die vor der betäubenden Hitze des Tages und der bitteren Kälte der Nacht den idealen Schutz bieten – zu leben. Eine Stadt unter der Erde, auch so könnte man Coober Pedy bezeichnen. Die Dugouts ziehen sich im Halbkreis von einer Meile rings um den Ort. Die Miner selbst arbeiten längst einige Meilen weiter außerhalb, immer wieder wurden neue Claims abgesteckt, im Laufe der Zeit haben sich wie Jahresringe eines Baumes die Arbeitsplätze weiter entfernt.
So sucht man Opale in der 3., 5., 12. oder 15. Meile vom Zen-

trum des Ortes entfernt. Die Lizenz zum Opalschürfen ist billig und kostet ganze DM 2,–. Wer 2000 oder 3000 DM Startkapital mitbringt, kann sich mit dem Nötigsten ausrüsten: Sprengstoff, Zündschnüre, Spitzhacke und Schaufeln, dazu gehört ein Flaschenzug und ein Generator, der Tag und Nacht arbeiten kann, die Mine mit Licht versorgt und den Flaschenzug antreibt. Die meisten, die hierher kommen, verfügen nicht über so viel Eigenkapital, schließen sich mit 3, 4 Mann zusammen, bei einem Fund muß dann eben geteilt werden. Am besten leben hier, so glaube ich feststellen zu können, die Opalaufkäufer und die griechischen Geschäftsleute, bei denen die Opaldigger manchmal ihr ganzes Leben lang verschuldet sind. Das Opalfinden ist reine Glücksache, doch wie das Roulettspiel löst es eine Faszination aus, der diese Menschen hier verfallen sind. Sie möchten mit keinem in der Stadt tauschen, der seinen festen Arbeitsplatz und sein festes Einkommen hat. Sie bezeichnen diese Menschen als Spießer, lachen und machen ihre Witze über sie.
Aber sind sie nicht genauso abhängig? Abhängig von den griechischen Geschäftsleuten, den jugoslawischen Opalaufkäufern, bei denen sie Schulden haben, ausgepreßt werden wie eine Zitrone, so daß die nächsten Funde schon gar nicht mehr ihnen gehören und selten ausreichen, um das Schuldenkonto zu begleichen? Es gibt kein sicheres Anzeichen in der Wüste für ein Opalvorkommen. Die Digger müssen 40 m in die Tiefe, um nach dem Level zu suchen, einer waagrechten Gipsschicht, in der Opal vorkommen kann. Mit dem Preßlufthammer müssen Bohrlöcher angelegt werden, das Gestein zerschlagen und das Geröll in mühsamer Arbeit nach oben aus dem Schacht gezogen werden – bei 50 oder 60 Grad Tagestemperaturen kein wahres Vergnügen. Bei all dieser Mühe möchte man einem jeden wünschen, endlich auf Potsch zu stoßen, opalartiges Gestein, das den großen erhofften Reichtum verspricht.
Wer hier einmal herkam, mit dem Suchen begonnen hat, kommt selten wieder davon los. In Coober Pedy hat sich in den letzten Jahren einiges geändert. Es gibt ein Drive-in-Kino, eine riesige Leinwand, an der die Opaldigger oft ihre

schlechte Laune über ihr glückloses Dasein auslassen und mit Bierflaschen die amerikanischen Stars auf der Leinwand bewerfen. Es gibt eine Wasserplantage, wo das knappe Brunnenwasser unter länglichen Glasdächern kondensiert und entsalzt wird, es gibt eine Polizeistation, die alle Hände voll zu tun hat, die trinkfreudigen Gesellen bei Räson zu halten. Für die kleinen Bewohner der Wüstenstadt wurde eine Schule errichtet; hier kann man am leichtesten feststellen, wie zahlreich die Völker des Gemisches sind, von wo überall her die Glücksritter kamen, um reich zu werden in Australien, in der Wüste, die unter ihrer Oberfläche in 40 m Tiefe Edelsteine verbirgt und manchmal einen dieser verwegenen Burschen zum Millionär macht.

Ein phantastisches Bild: überall die Kegel aus blendend weißem Gestein, die wie Termitenhügel über den ganzen Horizont verstreut zu sehen sind. Das ist der Abraum der Minen, überall wird emsig gearbeitet. Die Flaschenzüge singen ihr eintöniges Lied, fördern die losgesprengten Geröllbrocken ans Tageslicht: der Alltag einer Minenstadt. Wer hier einen Fund macht, kann ihn nicht geheimhalten, wie ein Lauffeuer würde sich das Gerücht von Mine zu Mine weiterverbreiten. Sie alle arbeiten ohne Pause 12, 14 Stunden am Tag, fressen sich mit der Spitzhacke in das festsitzende Gestein, schaffen den Abraum nach oben, um so schnell wie möglich das Level freizubekommen. Ist das geschafft, beginnt das Fiebern, ob man am Potsch oder vielleicht sogar schon am Opal angelangt ist. Meist sind es aber nur Opalsplitter, farbiger Potsch, der gerade noch zur Herstellung von Doublé verwendet werden kann. Nach all der mühevollen Arbeit ein Gefühl der Ohnmacht, da heißt es weiter machen, hoffen. Hoffen auf den nächsten Tag, der vielleicht doch den großen Fund bringt. Opaldigger – Abenteurer. Abenteurer in Australien, Männer, die sich frei fühlen, sich nirgendwo anstellen lassen wollen, doch abhängig sind von den Geschäftsleuten, den Opalaufkäufern, weil sie bei ihnen Schulden haben und irgendwann einmal durch den großen Fund unabhängig sein wollen. So leben sie alle, die hier bleiben, in der Freiheit der Wüste und leben unter der unbarmherzigen Sonne in ihren

Höhlen, kämpfen gegen den Staub, den sie hinunterspülen mit Unmengen Bier und erzählen sich gegenseitig Geschichten, die so unwirklich klingen wie die ganze Existenz dieser Stadt aus Termitenhügeln. So erlebte ich Coober Pedy wie in einem Traum, wie in einem Film, der auf der riesigen Kinoleinwand des Drive-in-Kinos gezeigt werden könnte.

Die Sonne versucht, einen schon nach 1, 2 Stunden nach dem Aufstehen kaputt zu machen. Alle Bewegungen gelingen nur noch mühsam, der Horizont verschiebt sich, ein unwirkliches Flimmern überlagert die Zone, in der Himmel und Erde zusammenstoßen. Staub rieselt unablässig aufgewirbelt auf die Erde zurück. Die Zeit, die wir hier verbringen können, ist viel zu kurz. Um dieses Leben richtig zu erfassen, muß man selbst mitgearbeitet haben. Doch haben die 4 Tage dem interessierten Besucher viele Fragen beantworten können. Coober Pedy hat mich in dieser Zeit so gefesselt und gefangen genommen, daß ich die Probleme der Eingeborenen total vergessen habe. Doch wie überall im Outback Australiens gilt auch hier der Kampf, der Kampf ums Überleben, der Kampf gegen die Natur, ein Kampf, den die Pioniere, die Entdecker des 5. Kontinents, aufgenommen haben und der von ihren Nachkommen bis zum heutigen Tage weitergeführt wird. So heißen sie uns gerne willkommen abends im Pub, wenn sie ausgelaugt von der schweren Arbeit des Tages ihr Bier zu sich nehmen und wie es in Australien Sitte ist, laden sie uns zu dem ersten Glas ein, als ob wir schon ewig dazugehören und wenn Johnny den Pub zumacht, nehmen sie ihre Stubbies mit auf die Straße (Stubbies sind kurze, dicke Bierflaschen) und reden dort weiter, bis keiner von ihnen mehr gerade stehen kann, erzählen uns ihre Geschichten, Geschichten, die fest in den Stein Coober Pedys gemeißelt, zur Legende wurden. Geschichten von Boys, die so reich wurden, daß sie in Adelaide ganze Hotels mieteten und mit den Weibern so lange soffen, bis kein Pfennig mehr da war, die dann ohne einen Cent zu ihrer Wüste zurückkamen, zurück nach Coober Pedy und von Neuem begannen, nach Opal zu suchen, der ihnen Reichtum versprach.

47

Als wir am nächsten Morgen weiterfuhren, hatte ich das Gefühl als wäre mit Coober Pedy ein Kapitel Australiens, ein Kapitel das für mich das Outback bedeutet, abgeschlossen. Das nächste Ziel für uns war das Barossatal und das hieß kultivierte Zivilisation. Im Barossatal leben Weinbauern, von denen ich ganz am Anfang schon einmal berichtet habe, fast ausschließlich Australier deutscher Abstammung, fleißige erfolgreiche Menschen, die den Weinbau nach Australien brachten. Pioniere einer ganz anderen Rasse, die Abenteurer des Never-Never bleiben in Coober Pedy zurück. Nach vielen hundert Meilen mit dem Bus auf der Stuart-Highway auf der Strecke zwischen Alice Springs und Adelaide kommen wir in eine andere Welt zurück.
Hinter uns lassen wir die Sonnenuntergänge blutroten brennenden Himmel, bis zum Horizont eine einzige phantastische Abendstimmung, die ich nur in der Wüste, im Never-Never Australiens, mit dieser einzigartigen Schönheit erlebt habe. Von dem Moment an, als das Radio im Bus die ersten Klänge des Senders von Adelaide empfangen konnte, war die eigentliche große Australienexpedition für mich beendet. Der Rest war nur noch ein Abhaken von Tagen, ein Herunterspulen von Kilometern die geschafft werden mußten, um zurückzukehren nach Sydney, zurückzukehren in die kleine Wohnung, endlich die zahlreichen Diafilme nach Melbourne zu schicken – mittlerweise sind es 2000 Aufnahmen geworden – und zu hoffen, daß ein paar ganz gute Bilder dabei sind. Dies waren die Gedanken, die ich mir auf der Fahrt machte, Richtung Adelaide.
Der Bus war nun ernsthaft beschädigt. Bill hatte keine Hoffnung mehr, mit ihm das letzte Stück von Adelaide nach Sydney zu schaffen. Er war schon froh, wenn wir Adelaide ohne Reparatur, die wir hier selbst ausführen müßten, erreichen könnten. Irgendwie hatten wir alle das gleiche Gefühl und irgendwie waren wir auch alle von dem großen Trip ausgelaugt. Jeder sehnte sich nach einem Bett, jeder sprach den Wunsch aus, 2, 3 Tage lang ununterbrochen schlafen zu kön-

nen. Doch so weit sollte es noch lange nicht sein, immerhin sind es 900 km von Coober Pedy nach Adelaide. Auf der Strecke liegen Ortschaften wie Woomera und Port Augusta. Von Port Augusta bis Adelaide, das letzte Stück mit 317 km. Das bedeutet 3 Tage ununterbrochener Busfahrt von 6 Uhr in der Frühe bis 6 Uhr am Abend, 12 Stunden durchgerüttelt, so daß am Abend auch der letzte Muskel schmerzt wie nach einem Rodeoritt.

Irgendwann auf der Stuart-Highway hinter Kulgera hatten wir das Northern Territory verlassen und befanden uns schon lange im Staate Südaustralien. Da es in Australien keine Schlagbäume gibt – außer zwischen Neu Südwales und Queensland, wo man nach Obst und Samen untersucht wird und dies nur wegen irgendwelchen Krankheiten und Seuchen – merkt man nicht, wenn man eine Staatsgrenze verläßt. Bis zum Jahre 1930 war Südaustralien überwiegend ein Landwirtschaftsgebiet, abseits von seinen regenarmen östlichen Nachbarn, traditionsgemäß konservativ, patriarchalisch ja fast oligarchisch verwaltet, kann es doch für sich zwei bemerkenswerte Neuerungen des 19. Jahrhunderts in Anspruch nehmen: die eine ist das Torrence-System, das eine Vereinfachung bei der Verwaltung des Grundbesitzes gebracht hat, von der mehrere Länder, besonders Frankreich für seine überseeischen Besitzungen beeinflußt wurde und die andere war die geheime Abstimmung, für die es seit 1840 gekämpft hat, die aber erst 1856 angenommen wurde. Die Entwicklung des Landes ging langsam vonstatten und hing vor allem vom Getreide, der Milchwirtschaft und der Wolle ab.

Wir wissen, daß 1870 deutsche Lutheraner eine Kolonie gründeten, 56 km entfernt im Tal von Barossa und ein Weinbauzentrum errichteten. Es gibt im Murraytal Versuchskulturen von Obstbäumen, vor allem von Südfrüchten und als Folge von diesen Kulturen Konservenfabriken und Trockenfruchtanlagen. Zwischen den Mount Lofty Ranches und dem St. Vincent Golf ist Adelaide der wichtigste Hafen und hat 842 000 Einwohner.

Die Frage wurde immer brennender: hält unser lädierter Bus bis Adelaide oder müssen wir irgendwo hier draußen ein Lager aufschlagen auf unbestimmte Zeit, wo wir doch alle nur noch einen Gedanken hatten: nach Hause zu kommen, nach Hause, das war für uns Sydney, ein kleines Zimmer das wir zu dritt bewohnten und nicht mehr als 8 qm maß im Stadtteil Coogee Beach. Wenn eine so lange Fahrt zu Ende geht, das Ende aber zur Ungewißheit wird, kann sie zu einer Strapaze ausarten, die gar nicht eingeplant war. Unser guter Bus sollte Adelaide erreichen, es geschahen keine unvorhergesehenen Komplikationen mehr, mit beinahe letztem Kraftaufwand knatterte die große Blechdose die Mainstreet von Adelaide hinunter.

48

Unser Ziel war ein schmuckloser Campingplatz, der für 3 Tage unser zu Hause sein sollte. In gewohnter Geschicklichkeit wurden die Zelte aufgeschlagen. Bill machte sich auf den Weg zu einer Reparaturwerkstatt und vom Himmel klatschte Regen, ein Naturereignis, das wir schon fast vergessen hatten, das uns erst einmal in die Zelte verwies und einen ausgedehnten Stadtbummel zunichte machte. Also wurde der so nötige Schlaf nachgeholt und die schöne Stadt Adelaide sollte erst einmal auf uns warten.
Der Regen wurde immer heftiger und die erste Nacht zu einem feuchten, aber deshalb gerade vielleicht so unvergeßlichen Erlebnis. Ein Sprichwort heißt: es sind meistens die kleinen Dinge im Leben, die einen so sehr erfreuen. Der Regen in Adelaide sollte zu einem großen Ding werden. Nach Wochen durch die endlosen Never-Never-Regionen Australiens war Regen für uns eigentlich gar kein Begriff mehr. Leicht lernt man vergessen, was es heißt, stundenlang auf das Geplatsche von Wassermassen zu hören, feuchte Wäsche auf dem Leib zu tragen und im Rucksack auch nichts viel besseres zum Umkleiden zu finden.
Nach 2 Tagen einengender Zeltherrlichkeit war es dann endlich so weit und wir konnten die Rundlestreet im Zentrum von Adelaide bei einem Schaufensterbummel bewundern.

Doch nach so einer langen Reise gibt es auch noch andere Eindrücke, die man nicht unerwähnt lassen sollte. Mir wurde direkt schwindlig, als ich die ersten Duftfahnen aus den zahlreichen Imbißstuben durch meine empfindliche Nase aufnahm und daran erinnert wurde, daß ich schon eine halbe Ewigkeit nichts Gescheites mehr gegessen hatte. Fleisch, Fisch, Geflügel, Pies, Bier, Orangensaft, alles gab's hier im Überfluß. Wir hatten uns an kleine Portionen gewöhnt, jeder mußte teilen all die Wochen, keiner konnte sich so richtig satt essen. Getränke, Wasser, all dies war eingeteilt, war rationiert, hier konnte man kaufen, wenn man nur das nötige Kleingeld besaß. In solchen Momenten bin ich nicht zu bremsen und will auch gar nicht an die Folgen danach erinnert werden.

Steaks, Hamburger, Chips, Icecream, Coca-Cola, all dies mutete ich meinem Magen zu, so vollgefressen blieb mir keine andere Möglichkeit, als mit dem Taxi zurück zum Campingplatz zu fahren und müde und zufrieden den 3. Tag in der schönen Stadt Adelaide zu verschlafen. Ich kam mir vor wie ein Bergsteiger, der den Gipfel erstürmt hat, die Aussicht ganz oben auf der Spitze des Berges genießt, überwältigt ist von der Schönheit die hier oben Himmel und Erde vereint hat, der beim Abstieg aufpassen muß, denn das erste Stück ist noch sehr steil und der dann am Ende erschöpft ist, aber überwältigt von dem Erlebten und Gesehenen immer müder wird und das Stück, das keine Aufmerksamkeit mehr verlangt, weil es nun flach und eben ist, dahin trottet. Er möchte nur noch nach Hause und dann kommt auch noch ein Regen dazu, der den letzten Eindruck zu einer verwaschenen nassen, unangenehmen Sache werden läßt.

49

Wir alle sind zufrieden, haben etwas gesehen von dieser Welt, ein Stück das unauslöschlich in unserer Erinnerung haften bleibt, wenn auch das letzte Stück auf unserer Fahrt über den 5. Kontinent zu einer müden Sache wird. Unser Bus war doch

schlimmer beschädigt als wir alle geglaubt hatten. So mußten wir dankbar sein, daß Bill ein Ersatzfahrzeug auftreiben konnte. Die Gesellschaft machte uns aber zur Auflage, daß unser neuer fahrbarer Untersatz möglichst schnell wieder zurück nach Adelaide gebracht werden mußte. Dies hieß für uns: ununterbrochenes Fahren ohne große Aufenthalte, keine Übernachtungen mehr, Nonstop nach Sydney. Nach den verregneten Tagen also erneute Strapazen, kein schönes Ende für diesen erlebnisreichen Trip, unserer Reise durch Australien. Stundenlanges Einnicken auf den engen Sitzen, trübsinniges Hinausstarren aus dem viel zu schnell fahrenden Bus, Sydney, du schönste aller Städte; wir wären froh, endlich wieder bei dir zu sein.
So ging eine Fahrt zu Ende, die in diesem Buch ihre Niederschrift gefunden hat und wer nach der Lektüre die Lust verspürt, das Flugzeug zu besteigen und dem 5. Kontinent einen Besuch abzustatten, der sollte dies tun. Wer seine Augen und Ohren gebraucht, wird nicht enttäuscht sein. Der eine oder andere wird die Lust verspüren, dort zu bleiben, eine neue Existenz zu gründen; doch sollte man nicht vergessen, daß auch in Australien die Feigen gepflückt werden müssen und nicht in den Mund hineinwachsen. Das Land ist auch nicht aus Marzipan und Zuckerwatte gebaut. Viele Eindrücke, die an das Paradies erinnern, sind oft allzu trügerisch. Überall auf der Welt muß heute gearbeitet werden und in Australien vielleich sogar etwas mehr als anderswo. Viele Dinge sind neu für den 5. Kontinent, doch wer Mut hat und Anpacken möchte, sollte sich nicht abhalten lassen. Australien braucht noch viele Hände um die Zukunft zu meistern. Der Werbespruch einer bekannten Ölfirma paßt perfekt auf Australien: es gibt eine Menge zu tun, packen wir's an.

LITERATURVERZEICHNIS

Naturvölker in unserer Zeit
Bilder der Wissenschaft DVA
Deutsche Verlangsanstalt Stuttgart 1971

Reisen rund um unsere Welt
Buch und Zeit Verlagsgesellschaft mbH, Köln

Neuer großer Weltatlas R. V., Reise und Verkehrsverlag GmbH

Königreich der Tiere, Australien 1–2
Verlag Edito-Service S. A., Genf
Vertrieb durch Freizeit-Bibliothek

Bild der Völker. Australien, Melanesien, Pocknesien und Mikronesien
F. A. Brockhaus Wiesbaden

„Die Pintubi / Am Ende der Steinzeit / Safari-Verlag 1980

Zeitschriften:

Merian: Australien, Heft XXVII. 5

Australien
Informationsdienst vom Australischen Amt für Veröffentlichungen

ANNO
Australien und Ozeanien
Lektüre-Verlag GmbH, 8000 München 2

Rudi Opper
Jahrgang 1950, Studium der Fotografik, Illustration und Malerei. Zahlreiche Ausstellungen in verschiedenen Deutschen Städten. 1971/72 und 1980 längere Aufenthalte in Australien – auf zwei ausgedehnten Reisen legte Opper über 17 500 km zurück.